面白いって何なんすか!?問題

センスは「考え方」より「選び方」で身につく

井村光明

ダイヤモンド社

明日プレゼン、
まだ
できてない。
助けて！

はじめに

グルグルグルグル同じ所を回るばかりで一歩も進まない感覚

明日プレゼンなのにまだ企画ができてない、明日締め切りなのにまだ何も書けてない。

やばいやばいやばいやばい。今日まで何もせず放っといたわけじゃないのに、そのうち思いつくだろうと思っていたがまだ思いつかない。ここまで粘ってみても閃かないということは、あと数時間考えても閃く気がしない。

やばいやばいマジやばい。誰か助けて欲しい。

すると、誰もいないオフィスに偶然先輩が通りかかり、苦し紛れに話してみると、「あぁ、こういうこと俺にもあったよ」と相談に乗ってくれた！

先輩の言葉の中に、きっとヒントがあるはずだ。一言も聞きもらすまいと、うんうんとうなずきながら耳を傾ける。

が、途中から、（あれ？　これはただの先輩の自慢話というか、ナレッジをひけらかされるだけで終わってしまうんじゃないか？）と感じ始めると、果たしてその通りになり、「じゃ、頑張って」と去っていく先輩の後ろ姿を見送ることになってしまった。

結局時間を無駄にしただけかよ、やばいやばい超やばい。

あ〜、一生懸命考えているのに、グルグルグルグル同じ所を回るばかりで一歩も進んでないじゃないか！

新しいことを考えようとしても、気づくとまた同じ所をグルグル回っている。

もうダメだ、もう一人じゃ抜け出せない。けれど助けてくれる人は誰もいない……。

いや、待てよ、そういえば、この前本屋で「明日プレゼン、まだできてない。助けて！」と帯に書いてあった本を見かけた気がする。ネットでポチればすぐ届くはずだ、よしっ！

あなたは、企画ができない時、文章が書けない時、どうしていますか。

そして今、プレゼン前日にこの本を読み始めている。

なんて、さすがにそんなことはないですよね。

今この本を手に取ってくださっているのは、おそらく場所は本屋さん。「明日プレゼン、まだできてない。助けて！」を見て、そんな気持ちになることもあるよなぁと、なんとなくページをめくってみた、といったところでしょう。

業種や職種は違っても、企画を立てたり文章を書いたりするクリエイティブな仕事をされている方のはず。

ならば、プレゼン前日にこの本を読んだからといって、すぐアイデアを閃くなんて都合良くはいかないよ、経験を積まれた方ならむしろそう思われるのではないでしょうか。

そうなんです。

そんな都合の良い話はない。

どんなに頑張ったってアイデアが出ない時は出ないし、文章を書けない時は書けないものですよね。

そこを何とか都合良く閃くコツがないものかと、僕は約30年間広告会社でコピーライター・CMプラナーの仕事をしてきたのですが、ようやくたどり着いた結論は、「面白いアイデアを、簡単に閃くコツはない」ということでした。

身も蓋もないですが、それは真実だと思うのです。

みなさんも冒頭の例のように「一生懸命考えても同じ所を回るばかりで一歩も進まない感

覚」に心当たりはございませんか。

新しいことを考えようとしても、気づくとまた同じ所をグルグル回っていて、「あー、もう！」と唸ったりする。

または頑張っているつもりが、ふと気がつくと脱線して全く関係のないことを延々と考えていたりして、「違ーう！」と叫んだりする。

まるでフリーズしたパソコンのように、七色の玉みたいなものが回り始めると、もうどうにも止まらない。

フリーズしたパソコンは一体何を考えているのか、この先どうするつもりなのか。

パソコンがフリーズしたらシャットダウンするしかないように、人間なら寝るしかないわけです。

が、明日はプレゼンという時、諦めるな、もう少し考えれば閃くかもしれない、と、ついつい粘ってみるものの、結局「こんなことなら寝とけば良かった」、となる。

僕のCMプラナー人生はそんなことの繰り返しでした。冷静に振り返ると頑張って考え続けていたつもりのほとんどの時間は、ただただ閃くのを待っていただけ。膨大な時間を無駄にしてしまったと言わざるを得ないのです。

いくらなんでも効率が悪すぎる。自分が知らないだけでどこかに考え方や閃くコツがあるはずだと、企画術の本を読んだり先輩に教えを請うたりもしました。

が、それでもやはり閃かない時は閃かない。

それに「考え方」や「企画術」というのも、季節限定かのようにコロコロ変わる。

自分の経験を積むしかないのだろうか。

時刻表の貼られていない海外のバス停で、いつ来るか分からないバスをひたすら待つ。よく見るとバス停はいい感じに錆びていて、もしかしてもう使われていないバス停かもしれないと不安になるうち陽が落ちてきた。

待ち続けて30年、バスは来ぬまま50歳。

定年退職が見えてきました。

経験を積んで分かったことは、いくら経験を積んでも、いくら考え方を学んでも、結局はただ閃くのを待つだけになってしまう、ということでした。

閃くコツなど見つからず、ちっとも楽にはならなかったのです。

クリエイティブ、楽しんでますか？

閃くのは一瞬。しかし、いくらなんでも待ち時間が長すぎる。とにかくこの30年間のストレスは、閃くのを待つしか手がなくグルグル回り続けたことでした。

クリエイティブの可能性は無限、答えは一つではない。などと言うのに、どうして一案も思いつかない日があるのか。

クリエイティブという言葉には自由とか可能性というイメージがありますよね。

常識を疑え、既成概念に囚われるな、と言われたり。

自分らしく考えればいい、だとか。

時には、楽しめ、と言われたりもする。

でも、みなさんどうでしょう。

クリエイティブ、楽しんでますか？

むしろ、辛くないですか？

正直考えるの面倒臭いですよね。

確かに、アイデアを閃いて「できた！」という時は、嬉しいし楽しいし気持ちいい。

しかし実際にはそんなことはほとんどなく、締め切りやプレゼンの時間切れで「まあ、こういうことかなぁ……」となることばかりではないでしょうか。

クリエイティブと言うと聞こえはいいですが、イメージと実態がかけ離れていて、精神衛生上良くないと思うのです。

実態はまるで受験生のようだ。

しかも僕らの仕事は答えのないことを考え、正解を知ることなく終わる。考えてみると、答えの付いてない問題集を与えられて毎日勉強し続けている受験生とも言えるわけです。消耗する。実に良くない。

答え合わせができないことにはいつまでたっても分からずじまい。これじゃ永遠に受験生のままじゃないか！　何が自由や可能性だ、こんなはずじゃなかった、クリエイティブという言葉に騙されちまった。僕はずーっとそうグチグチ思っていました。


が、騙されていたわけではありません。

ある時。他業種の方と名刺交換をした際に、ズバリこう言われたことがありました。

「それにしても広告業界の人って、クリエイティブ、って言葉好きですよね（笑）」

確かに僕の名刺には「クリエイティブ局　クリエイティブ部　クリエイティブディレクター」と書いてある。

「いやあ、恥ずかしながらそうなんですよ～」

笑うしかありませんでした。

名刺にクリエイティブを三連発する会社もどうかと思いますが、正直なところ僕もそんなキラキラしたイメージに憧れてこの仕事を選んだクチなのです。

なぜか「クリエイティブ」という言葉が好き。

今思えば、クリエイティブの持つ自由や可能性というイメージを、都合良く解釈していた。自分らしくしているだけで、自分ならきっと簡単に何か閃くだろう。恥ずかしながら根拠もなく自分を信じていたわけです。

ポジティブに考えることと、自分に都合よく考えることは紙一重。

「閃く」だの「自分らしさ」だの眩しい言葉ばかりに囲まれていたせいで、見えなくなっていることがある気もしてくる……。

とはいえ、この仕事を選ぶ人は多かれ少なかれ俺と似たようなもんだろう。

そして仕事はそこそこ忙しい。

楽に閃くコツがどこかにないものか。

アイデアは閃くしかないわけで、閃くのを待つか、コツを探す以外にやれることもないわけです。

考える、という行為は実に曖昧。具体的にやれることがない。

その証拠に、企画を考えていると一体自分が何を考えようとしているのか分からなくなる時がある。

コツなど見つからず、受験生のようだ受験生のようだと愚痴るしかないまま、ただただ年月が流れていったのでした。

しかし、長年に渡ってコツコツと同じ愚痴を繰り返し続けたある日、愚痴が一歩進化したのです。

受験生は必ずしているのに、僕らはしていないこと

それはある年のお正月のこと。年末に「年明けすぐにプレゼンして欲しい」との仕事を入れられてしまい、僕は元旦から企画をするハメになっていました。

帰省した実家の近所、高校生の頃通っていたファミレスで正月からペンを握ってるなんて、本当に本当に本当に受験生のようじゃないか！　しかも店内は初詣帰りの人々が昼からビールでワイワイガヤガヤ。「大吉だった！」とリアル受験生がおみくじの話をしているのも耳に入ってくる。受験生ですら楽しそうなのに、俺は受験生以下かよっ!!

いつもの愚痴がここぞとばかりに爆発し、企画が全く手につかない。休み明けすぐプレゼンだっていうのに。

すると……。

ん？　受験生で言うと、今の俺の状況は受験前日ってことだろうか？　いや、ちょっと違う

気がする。考えてもアイデアが出なくて困ってるわけだから、むしろ正に受験本番中で問題が解けない時じゃないのか？

と、いつものように脱線し、どうでもいい妄想がグルグル続いていったのです。

明日プレゼン、まだできてない、という状況は、受験生で言うと、受験本番中に難しい問題にぶち当たってしまい、考えても考えても解けない時のはずだ。

時間はあと少ししかないのに閃かなくて焦ってる。同じだ。

助けて、って思うだろうなあ。でも当然誰も助けてくれるわけはない。

やれることがあるとしたら何だろう。

カンニングか。

俺の仕事でいうと、パクるってことか。

パクるか！

でもなあ、今の時代仕事でパクったらネットで確実にバレるしなあ。

他にやれることがあるとしたら何だろう。

パソコンならシャットダウン、寝るか？

いや、さすがに受験本番で寝たりしないな。諦めずギリギリまで粘るはずだ。しかしギリギりまで何をするんだろう、俺受験の時何してたっけ……。

と、考えた時です。

あ、あった。

計算間違いや漢字間違いがないか見直していたな。

受験生なら難しい問題は諦めて、ケアレスミスをチェックするはずだ。

アイデアを閃かないなら、ケアレスミスでもチェックしてみるか。

長年の愚痴が一歩進化した瞬間でした。

どうでもいい発見でしたが、グルグル回っていた頭が切り替わったようで、なぜか面白く感じたのです。

面白く感じたのは、「アイデアを考える」ということと「ケアレスミス」という言葉の組み合わせでした。

アイデアというと「考える」「思いつく」「閃く」といった動詞で語られます。

「考える」はまだしも、「思いつく」「閃く」はゼロか1かのデジタルな感覚で、ケアレスミスという言葉が入り込む余地などないように思える。

しかし、受験生が難問を解けない時と、頑張ってもアイデアが出ない状況は限りなく近い。

そして、受験生がいくら問題集で勉強しても本番には必ず見たこともない新作問題が出るように、僕らがいくら過去の名作を研究したところでそれとは違う新しい文章や新商品の企画を考えねばいけないわけです。

それも似ている。

そもそもこの「ケアレスミス」という単語。

大人になって滅多に使わなくなったこの単語がこんなタイミングで出て来ようとは、まるでクラスの中の地味で目立たない子に突然スポットライトが当たったような、単語の世界のシンデレラストーリーじゃないですか。

「ケアレスミスをなくす」という堅実で実現可能な言葉と比べると、キラキラした「閃く」はとても曖昧で無責任。チャラいだけに見えてくる。

彼女にするなら「ケアレスミス」だな。

今まで自分は、アイデアは「閃くしかない」と思い込み、「閃くコツ」を探していたけれど、それは実在しない二次元キャラに片想いしていただけのように思えてきたのです。

企画ができない時、できることは何か？

「クリエイティブ」に片想いしていませんか。

考える仕事は一人。リモートの時代、ますます一人でグルグル回ることになる。

面白いアイデアは簡単に閃かないものなのです。

なぜなら閃こうとしても、具体的に取れる策がない。

ならばやみくもに「面白い」を閃こうとするよりも、ケアレスミスをなくす、と頭を切り替えてみてはどうだろう。

つまり、「面白い」とは「面白くない部分を省いたもの」と考えてみる。

ゼロから「閃く」ことはできなくても、自分の考えたものから「省く」ことなら受験と同様できそうだ。

誰にでもできる現実的で確実に面白くなる方法は、省く基準を持つことではないか、と思ったのです。

とはいえ「面白くない部分を省いたもの」といっても「面白い」を言い換えただけの屁理屈にも聞こえる。それに受験と同様、ケアレスミスを見つけたって部分点しか拾えなさそうだ。

しかし他にやれることもなく、ともかく実践してみたところ、思わぬ結果に繋がることになったのです。

「面白い」を考えるよりも、「面白くない部分を省く」方が、ゴールに直結した。

そして、後輩や生徒に教えてみたところ、彼らも結果を出してしまったのです。

なぜか、屁理屈どころか、再現性まであったのです。

第2章　文章は「単語」の組み合わせ、と考える

第3章 「面白い」の反対語は「よく分からない」

第4章 「面白くない」とは何なのか?

第5章 「考え方」より「選び方」

第6章

もうアラフィフ、このままじゃ終われない。泣きそう

おわりに

第1章

四十にもなって、生徒に逆ギレされる。助けて！

「面白いって、何なんすか!?」

そもそもこんなことを考えるようになったキッカケは、広告学校の生徒さんに逆ギレされたことでした。

改めまして、僕は広告会社でコピーライター・CMプラナー（※「プランナー」の誤植ではありません。僕の会社ではなぜかネイティブっぽく「プラナー」と表記するんです）の仕事をしています。

「それにしても広告業界の人って、クリエイティブ、って言葉好きですよね（笑）」

「いやあ、恥ずかしながらそうなんですよ〜」

僕はキラキラしたイメージに憧れただけでこの仕事に就いてしまいました。

この仕事の恐ろしいところは正にそこです。

恐ろしいことに、クリエイティブと言われる仕事には何の資格もいりません。

コピーライターにしろ何にしろ、資格がいらず、自分で言い張ってしまえばその瞬間からコピーライター。

そしてさらに恐ろしいことに、歳をとると自動的に先輩となり、教える立場になってしまうのです。

経験を積んだと言えば聞こえはいいですが、グルグル回るばかりで何一つコツなど掴めなかった僕が経験上知っていたことは、面白いアイデアは簡単に閃かない、ということだけ。

そんな僕が広告学校の講師をすることになってしまった。

今から10年前、40歳の頃でした。

とある熱心な生徒さんがいました。

何度もコピーを書いては添削に来たのですが、書き直しても書き直しても代わりばえがしない。

生徒さんのコピーを見て、「ここが面白くない」と指摘したり、「こうすれば面白くなるんじゃないか」とアドバイスするわけですが、分かったような分からないような、という顔。

明らかにグルグル回っている。

本当は自力で書いて欲しいのですが、ここは俺の出番かなと、僕が考えたコピーを見せた時でした。

僕「例えばさ、こう書くと面白いと思わない？」

すると、

生徒「僕は面白いとは思わないですね」

僕　「……」

生徒「ていうか、面白い、って何なんすか!?　先生の言う面白いってどういうことなのか全然分かんないんすよ！」

と、突然逆ギレされたのです。

何度もやり直しをさせられてフラストレーションも溜まっていたのでしょう。僕にも経験があるので気持ちはよく分かる。

先輩にコピーを見せて、

「なんか面白くないんだよなあ、もっと考えて」

と言われ、最初のうちは素直に頑張れるのですが、それが何回も続くと、

「一体、どうしろっていうんだよ」

となってしまうものです。

なので僕は「こうすれば?」とわざわざコピーを書いて見せたのですが、火に油となった。こんな時は頭が固くなっているだけでなく、心も頑なになっているものです。

僕の書いたコピーが実際面白くなかったのかもしれませんが、最早何を言っても他人の意見を受け入れられない、面白いとは思えない状態になる時がある。

それも僕にも経験がある、よく分かる。

が、どうしてあげればいいのかは分からない。

僕「……」

生徒「……」

時間を置いてほとぼりが冷めるのを待とう。

僕「そっかぁ……。ごめん。俺、次までに君に面白いと思ってもらえるコピーを考えてみるよ」

と、講師と生徒が逆転したようになってその場を終えるしかなかったのでした。

しかし、「面白い」って何なのでしょうか。

それまで考えたことがなかった。

その時僕が、

「面白いって、こういうことだ！」

と断言できれば講師としての威厳は保たれたわけです。

または、

「どうだ！　こう書けばいいんだよ」

「さすがです！」

と、生徒さんを唸らせるコピーを書いて見せられれば良かったわけですが、どちらもできなかった。

逆ギレした生徒さんとその次会う時、気合いを入れてコピーを書いて臨んだのですが、

生徒「うーん、まだ前回（僕が書いたコピー）の方が良かったですかね」

と言われる始末。

完全に僕が生徒のようだ。

（面倒くせえなぁ……）

実際の仕事ならプレゼンで時間切れ、自分の力が及ばなかったと一人諦めればいいのですが、お金を払って学びに来ている生徒さんに「諦めろ」とはさすがに言いづらい。

しかも講座は5ヶ月続く。誤魔化し誤魔化し逃げ切るには長すぎる。

それに、逆ギレまでする生徒さんは一人でしたが、分かったような分からないような、という顔をする生徒さんは他にもいました。

何か尤もらしいことを答える義務がある。

「面白いって何なんすか!?」

「面白いって、こういうことだ！」

「なるほど！」

僕が断言できて生徒さんも納得できることって何だろう。

実はたくさんあります。

過去の成功事例です。

デコンの功罪

「面白いって何なんすか!?」

と逆ギレされるのは、カルシウムが足りないからではありません。

「面白い」というのは曖昧で、具体的に目指すべき目標が見えないからではないだろうか。

あります、過去の成功事例が。

過去の有名な作品と目の前の課題の共通点を説明して「こうすればいいんだよ」と言うと、生徒さんの表情も「分かった！」と晴れるのです。


少し前に「デコン」という言葉が流行りました。

deconstructionの略で、「脱構築」と訳されることが多いですが、広告の仕事においては、CMやコピーがどうしてこの表現となったのか、表現を分解して考えた道筋を明らかにすること、という意味になります。

具体例として世界的名作カップヌードルのhungry?シリーズで考えてみましょう。

なぜこの表現となったのか。

① カップヌードルはいつでもどこでも手軽に食べることができる。
② 手軽に食べることが魅力的に見えるのは、食べるものに困っている時ではないか。
③ 最も困っていたのは、原始人である。

これを作られた方がこの道筋でお考えになったかどうかは分かりませんが、こう推測できるでしょう。

最もシンプルな例を選んだだけにとても簡単に見えますが、デコンとはまあこういうことです。

分解して順序立てると分かりやすく、納得できる。

それに、「なんか面白くないなあ、やり直し」とつらい会話をするよりも、「これって面白いよなあ、ここを目指そうよ」と話す方が僕も生徒さんも楽しい。

応用すれば自分でも作れそうに思えて、何だか元気になるのです。

日清食品 日清カップヌードル TVCM
hungry? マンモス篇

右から左へ。左から右へ。
マンモスを捕まえられず、
ひたすら追いかけているだけの原始人。

コピー： hungry?
カップヌードル

例えば、砂漠でカッパが水を求めてサボテンを探し回る様子に「thirsty?」とメッセージを載せると飲料のCMになりそうだ。

または、古代人が狼煙(のろし)を使って隣村と通信している。言葉を伝えるだけでは満足できずビジュアルを伝えようと、赤い煙や緑の煙が出る草を探したり、煙で形を作ろうと四苦八苦してる様子に「ギガ足りてる?」とメッセージを載せれば携帯電話のCMになりそうだとか、目の前のテーマによっていろいろな連想が広がっていきます。

ともかく、曖昧だった「面白い」に具体的な目標ができる。そして、成功事例は文章にせよ動画にせよ無限にある。探せば目の前の課題に近い例が必ず見つかりそうに思える。

「分かりました。考えられそうな気がします!」と、やる気を取り戻す生徒さん。

僕はといえば、自分が作ったわけでもない成功例を尤もらしく話すことに後ろめたさは感じつつも、とりあえずは講師らしいことができてホッとするのでした。

しかし、生徒さんが次に考えてきたものを見ると、

「……これ、まんまじゃん」

と思ってしまうことが多いのです。

同じ考え方をたどった結果、表現はほぼ同じ、下手な二番煎じ三番煎じになっている。

生徒「でも、先生の言ってた砂漠のカッパと同じように考えたつもりなんですけど」

僕「確かに……。でも、ああは言ったけど、あれはジャストアイデアで、あれのもっと良い版を考えて欲しかったと言うか」

生徒「もっと良い版って、例えばどんなことですか？」

僕「……」

これは事例がhungry?だったからではありません。そして生徒さんの力不足だったからでもありません。僕も自分の仕事でいろいろな成功事例を参考に考えたことがあったのですが、もっと良い版、はできそうでできなかった。

僕や生徒さんのレベルでデコンした考え方をたどっても、必ず結果はほぼ同じ表現、やっぱり先ほどのカッパや狼煙の例のように下手な二番煎じ三番煎じにしかならないのです。

成功例をデコンすると、分かった気がする。

しかし、分かった！　と思ったのに、いざ応用しようとしても中々うまくいかない。

それは、そもそもデコンした考え方が「分かりやすかった」のではなく、成功したという結果を見ているから「納得しやすかった」だけなのです。

プラモデルやジグソーパズルを組み立てるようなものです。

当たり前ですがプラモデルやパズルには、パッケージに完成図が描かれていますよね。なので、説明書を見ると、なるほどこれはこういう順番で作るのか、と分かりやすい。

しかし、いざ自分の課題について考える時には、当然ながら完成図はまだない。

完成形が分からないまま、作り方の説明書だけを渡されている状態なわけなので、自然と作っていくうちに成功例と同じ形にしてしまう。

応用ではなく、真似になりやすい。

それでも一応の完成はするでしょうが、本家を超えることはまずありません。

なぜかというと、名作と言われてデコンの対象になるものほど、必要十分な要素からできていて、無駄や変更可能な部分が一つもないのです。

成功例には無駄がない

例えば、食べ物に困っている、という考え方は、食品なら何にでも応用できそうに思えます。

しかし、hungry?と全く同じように原始人がマンモスを追いかける表現で、商品がカップヌードルではなく「コシヒカリ！」のようなお米のCMだったらどうでしょうか。または牛丼のお店のCMだったらどうでしょうか。

意図は分かりますが、どこか違和感がありますよね。

もちろん、既に「hungry?カップヌードル」という完成形を知っているから違和感を感じる部分もあります。それどころか、もしhungry?のCMが世の中になかったとしたら、それはそれで面白かったかもしれません。

しかし、時間をかけて炊くお米よりも、いつでも3分で食べられるカップヌードルの方が、食べ物に困っている原始人というモチーフにピッタリ。また、店舗に行く必要のある牛丼のお店よりも、どこでも食べることができるカップヌードルの方が原始人には似合ってる。

ひょっとしたら全世界誰にでもわかる普遍性という意味で、「hungry?マクドナルド」、だったら似合っていたかもしれません。

が、少なくともhungry?が既に存在している状況で、同じ食品だからといって同じ考え方をたどっても、原始人とカップヌードルの組み合わせにはとても勝ち目がないように思えるわけです。

では、同じ食品でなければ同じ考え方でも大丈夫かというと、そうとも限らないのです。

デコンした考え方の②「食べるものに困っている時」、これは「飲み物がなくて困っている」「携帯が使えなくて困っている」と、いくらでも応用できそうに思えますよね。

では、どんなモチーフならうまくいきそうでしょうか。

先ほど、砂漠のカッパと古代人の狼煙という例を挙げました。

砂漠のカッパってどこかしっくり来ないというか、無理に持ってきた感じがしますよね。

また、いくら通信がテーマだからといって狼煙にたとえても、ただ大袈裟にしただけで寒くなりそうに思える。

僕の例が拙いだけで、考えればもっと良いアイデアも出て来るのでしょうが、「喉が渇いてる」「通信に困ってる」では、「食べ物に困っている」→「原始人」ほど鮮やかなモチーフを思いつけないようにも思うのです。

つまり極端な欠損感という考え方自体、最も適しているのは食品だったのかもしれない。食品の中でも最もシンプルなカップヌードルだったのかもしれない、と思えてはこないでしょうか。

名作に無駄がない所以(ゆえん)です。

応用できそうに思えても、応用するということは、無駄のなかった状態からどこかをずらすことになるので、面白くなくなる可能性が高いのです。

もちろんhungry?の素晴らしさはそれだけではありません。

奇跡的にこのアイデアを思いついたとして、左から右へ右から左へというシンプルな構造にできたか、このアートディレクションで定着できたか、恐竜（正確には絶滅哺乳類）の特徴を活かしつつストーリーを展開できたか、等々、考えるべきことは膨大にあったはずです。

しかし、デコンして考え方を知ると、それがいとも簡単にできるような気がしてくるところに注意が必要なのです。

こう書くとデコンする行為を否定しているようですが、そういうわけではありません。

分解して思考回路を理解することは、そのエッセンスを使って別の表現を作るヒントになります。

しかし忘れてはならないのは、ある作品を見て面白いと思う最大の理由は、「初めて」見る表現だった、ということです。エッセンスが分かっても「初めて」は作れません。二番煎じにならないために別のアイデアも必要になってくる。「別のオリジナル」に仕立て直すのは難易度が高い。

つまり、成功例から導かれたナレッジは簡単そうに見えて実は再現性が低く、自分に応用できるスキルがあるかどうかを意識する必要があると思うのです。

恥ずかしながらその証拠は、自分でhungry?を作ったわけでもないくせに、僕がここまで長々と書いてきたことそのものでしょう。

成功例を語り始めると、誰でもあまり考えることなくクリエイティブ気分で喋れるから気持ち良くなっちゃうんですよね。

それで何だか分かったような気分になってしまうのですが、いくら楽しくお喋りできても自分で作れるわけではありません。

カッパや狼煙しか思いつかない僕のように、「分かる」と「できる」は別物なのです。

ともかく、

「面白いって何なんすか!?」

「こういうことだよ！」と、成功例。

「あ、なるほど！」

と、僕と生徒さんはひと時の盛り上がりを見せるのですが、しばらくすると、再び
「面白いって何なんすか!?」

に戻ってしまうのでした。


しかし逆ギレされるのも尤もです。

「面白いって何なんすか!?」と聞いても答えられない僕から、「面白くないからもっと考えろ」と言われていたわけですから。

返す言葉もない。

そもそも教えた経験もなく、教え方も分からない。

恥ずかしながらここにきて「コピーの書き方」や「企画術」といった本を読み漁ったりしました。

教え方が分からず本を読みながら勉強中の先生がうちの子の担任だなんて、もし中学や高校だったら父兄からのクレームで大問題ざます。

しかし本を読んでもうまくいきませんでした。

そもそもお金を払ってまでして広告学校に通うような生徒さんは、その手の本は当然読んでいて、そこには書かれていないもっと実践的なことを知りたがっていたのです。

「他の先生はすごく面白いって言ってくれたんですけど」

「面白い」とは曖昧。

だから具体的に過去の事例を応用しようとしたが、真似にしかならなかった。

次に本を読んで勉強してみた。

が、生徒さんも読んでいた。

努力したつもりが受け売りを話すだけになってしまい、むしろ白い目で見られるようになった気がする。

本来講師にはその人なりの経験に基づいた実践的なやり方が期待されているわけです。

が、僕には、自分なりのやり方、というものがなかった。

というか、自分なりのやり方とは何かと考えたこともなかった。

「自分の相撲をとるだけです」

「自分たちのサッカーをするだけです」

と、よく聞くけれど、僕の場合、

「他人様の本を読むだけです」

となってしまっている。

これはマズい。

改めて自分なりのやり方とは何か考えてみました。

しかし贔屓目に見ても、とにかく数を考える、ギリギリまで粘る、としか言えない。

そんな中、一期5ヶ月で終わるはずだった広告学校が翌年も続くことになってしまいました。

少なくとも、「面白い」とは曖昧、だから難しいことに間違いはありません。

自分なりのやり方などありませんでしたが、ともかく誰もが具体的に実践できるやり方を考えざるを得なくなったわけです。

表現を考えることに限らず、一般的に目標は具体的なほど良いと言われます。

「健康に気をつける」よりも、「運動をする」。
「運動をする」よりも、「週に一回走る」。
「健康に気をつける」だけではやるべきことが曖昧ですが、「週に一回走る」なら誰にでも分かる。

実践的にと考えると、達成できたかどうかが簡単にチェックできる目標の方がいいし、そうでないと結局やらないものです。

実家の母親から「身体には気をつけなさいよ」と言われて、「身体に気をつけるって何なんだよ!?」と逆ギレすることはないですよね。せいぜい「うるせーなあ」くらいのこと。具体的に何をすればいいのかイメージできるからかもしれません。

「面白いって何なんすか!?」とキレられないためには、「週一回走る」程度の簡単な目標があればいいわけです。

「健康に気をつける」→「運動をする」→「週一回走る」

くらい簡単に、

「面白い」→「○○○○」→「○○○○」

と言える「○○○○」って何だろう。

まず「面白い」を一歩具体的にするといろいろあります。

「笑える」「泣ける」「怖い」「キュンとする」「カッコいい」「可愛い」「タメになる」「共感する」などなど。


例えば「笑える」を目標にしてみましょう。

「面白い」→「笑える」→「〇〇〇〇」

次の「〇〇〇〇」は何だろう。

「ズッコケ」？「ものまね」？「ダジャレ」？

仮に「面白い」→「笑える」→「ズッコケ」だとしてみます。

生徒さんに「ズッコケを考えろ」と言うことになる。

「面白いものを考えろ」と言うよりは具体的ではありますが、ほぼ同じといえば同じ。

「ズッコケって何なんすか!?」と、また確実にキレられる。

ズッコケ止まりではまだ曖昧。次の「〇〇〇〇」は何だろう。

「面白い」→「笑える」→「ズッコケ」→「〇〇〇〇」→「〇〇〇〇」→「〇〇〇〇」→「〇〇〇〇」→「〇〇〇〇」……。

「週一回走る」レベルの簡単な目標となるには、相当長い「〇〇〇〇」を続けないとたどり着きそうにないなあ……。

その「○○○○」を埋められたとしても、笑いのパターンを分析・分類したことにしかなりそうにない。

直感的に、芸人さんがネタを作る時にこんなことを考えている気がしない。まずは何かタネを見つけて、それを膨らませているような気がする。

やはり、見つけるというか「閃く」、それ以上でも以下でもないのだろうか。

「笑える」じゃなくて、「泣ける」でも「カッコいい」でもきっと同じだろうなあ……。

感じ悪いですが僕は東大出身、しかも理系。つい理由を求めて理屈っぽくなってしまうところがあります。だから面白いことを考えられないのだろうか。ぴえん超えてぱおん。ともかく「面白い」を作る具体的な目標にはたどり着けず諦めてしまったのでした。

僕は広告学校の講師をしているだけではありません。もちろんCMを作るのが本来の仕事です。

自分の仕事でアイデアを出すのもグルグル回っているというのに、生徒さんにどう教えるかでもグルグル回っている。

というか、生徒さんと話していると、今までそれなりに経験を積んだつもりでいたのに、自分が何ひとつ分かっていなかったことが炙り出されていくばかり。

生徒さんの課題を添削していると、こういうこともよくありました。

生徒「このコピーどうですか」
僕「うーん、あんまり面白くないなあ」
生徒「〇〇先生（他の講師）は、すごく良いって言ってくれたんですけど」
僕「え、そうなの!?　そっかあ。だったら良いのかもしれないなぁ……」

自信なくなるなぁ……。
教えることだけでなく、現業で企画する時も自信がなくなり、自分で考えたものが面白いのかどうかの判断もつかなくなってくる。
勉強を人に教えると自分の頭も整理され理解が深まると言いますが、広告学校での僕は、遠足バスでゲロを吐いた同級生を見て自分も、という感じ。実際ちょっとした鬱になりもしつつ続いていきました。

理想のスーパー先輩

話は戻りますが、この本の冒頭を覚えておいででしょうか。

プレゼン前日になってもまだ良いアイデアが思いつかず、やばいやばい。

途中先輩がふらりとやって来て良いアドバイスをくれるかと思ったけれど、むしろ自慢話を聞かされた気分、何の助けにもならず時間の無駄。さらにやばいやばいやばい。結局助からなかったアレです。

その時、どんなアドバイスを貰えれば良かったのでしょうか。

どんな先輩ならカッコ良く見えたのだろう。

カッコいい講師になりたい。

カッコ良くはなくても、好かれる講師になりたい。

いや、まずはキレたりされない講師になりたい。

逆ギレされてからというもの、僕は好かれる講師になりたい一心で、今までお世話になった先輩を思い出したり、妄想したり、理想の先輩像を考えていました。

趣味やスポーツもそうであるように、見え方から入る手もあるんじゃないかと思ったわけです。

まず、冒頭のやばいやばいに登場した先輩は、「考え方の先輩」と言えるでしょう。何も自慢話をしたかったわけではなく、自分の過去の仕事を例に出し、自分も悩んだけれどこう考えたらうまくいったことがあった。君もそんな感じで考えてみてはどうだろう、とアドバイスをくれたわけです。

事例があるから分かりやすい、それを目の前の課題に当てはめればカタチになりそうに思う。ピタッとハマればそれでいい。

が、不思議なもので、先輩が去った後に一人でやってみると「あれ? 分かった、と思ったのになあ」と、なぜかうまく応用できないことが多い。

デコンと同じことになるわけです。

「アイデアの先輩」と言うべき方もいました。

相談すると、

「じゃあ、こういうのはどう?」

と、そのものズバリ、アイデアを出してくれる。

が、そのアイデアにピンと来ることが少ないんですよね。

いくら先輩とはいえ、パッと見て思いつくことは、誰もがパッと見て考えることと似たようなものになりがちです。

その上相談する側は、それ以前に自分でも随分考えている。

「そういうのも考えてみたんですが、うまくいかなくて……」

と口籠ると、

「じゃ、こういうのはどう？」

と新案がすぐ来る。

「なるほどですね……」

散々考えた後だと、何を聞いても面白いと思えなくなるところもあり、気まずくなったりもする。

もちろん、

「なるほど！　さすが先輩！」

と、自分では考えもしなかった斬新なアイデアに膝を打つこともありました。

が、それは先輩のアイデアで、自分で考えたわけではありません。そのまま使うのも気が引ける。

が、困ってるからこそ相談しているタイミングなわけです。厄介なことに一旦そのアイデアを聞いてしまうと、もうそれしかないように思えて来る。

そこでそのまま拝借できるメンタルを持ち合わせていればいいのですが……。

むしろ聞かなきゃ良かった。

ヒントで止めといてくれれば良かったのに、どうして全部言っちゃうんですか！

と、中々都合良くはいかないものです。


「クリエイティブな先輩」というのを妄想したりもしました。

やばいやばいマジやばい。誰か助けて欲しい。

誰もいないオフィスで一人唸っていると先輩が偶然戻ってきた。苦し紛れに相談してみると、書き散らかしたアイデアメモにざっと目を通した先輩がこう話し始める。

「お前、既成概念に囚われてるんじゃないか？」

「かもしれません」

「クリエイティブに答えは一つじゃないんだ」

「はい」

「もっと自由に考えてみろよ」

「はぁ……それが中々うまくいかなくて。どうすればいいんですかね」

「自分らしく考えればいいんだよ」

「……」

「ていうか、辛そうな顔してんな。そこがダメなんだよ。もっと楽しめよ。楽しまないと良いものできないぞ。じゃあな」

と去っていく先輩の後ろ姿を見送ることになってしまった。

今、そんな話を聞いてる場合じゃねーんだよ！

すみません、ただの妄想です。

妄想した中で僕のお気に入りがこの「クリエイティブな先輩」。つい書いてしまいました。実際に広告学校で生徒さんから何を聞かれてもこう答え続けたら相当面白いなあと思っていたのですが、勇気がなくてできませんでした。

それはさておき、みなさんが今まで出会った先輩の中で、最も理想に近かったのはどんな先輩だったでしょうか。

企画に困っている所にぶらりと通りかかって、一言のアドバイスで悩みを解決するカッコいい先輩。

もし理想の先輩がいるとすれば、こんな感じではないでしょうか。

誰もいないオフィスで一人企画を考えている。

考えても考えても何も出ないし、出る気もしない、かと言って諦めればそこでゲームセット。

しかし、頭はフリーズしている。ただただ時間が過ぎるのを待っているだけのようだ……。

と、その時、どこかで打ち合わせしていたらしき一人の先輩が戻ってきた。

一人残っている僕を見つけて、

「あれ、まだいたのか。何やってんの?」

ある案件で企画を思いつかないことを伝えると、

「ちょっと、見せてみ」

と、僕のノートをパラパラとめくりました。

ただただ書きなぐっているだけの、コピーにもアイデアにもなっていない言葉ばかりです。

すると、先輩はこう言ったのです。

「なんだよ、もうできてんじゃん」

「??」

ある言葉を指差して、

「ここをさ、こうしてみればいいじゃん」

「!!」

確かにここをこうすればすごく良い!。どうして俺は気づかなかったのか。

「なるほど!!!!」

さすが先輩! スーパー先輩。

しかしクライマックスはその後でした。

先輩はこう言ったのです。

「これ以上思いつかない時ってさ、もうできてるんだよ。お前の頭の中に」

「!!!」

まるで僕が既に一人で考えついていたかのように言う、お前は既に死んでいる、という感じで。素人目に見ても、僕の殴り書きだけではとても企画として成立してはいません。先輩が「こうしてみれば」と言ってくれたからこそカタチになったものなのに。

ともかくできた! 終わった! 帰れる、これで地球に帰れるんだ!

「じゃあな」

カバンを持って去っていく先輩。

「お疲れ様でした！」

と、心からの感謝を込めて頭を下げる僕、そして頭を上げると先輩の姿はエレベーターに消えていた。

カッコいい～！

ありがとう！　スーパー先輩！

みなさんどうでしょう？

文章にしてしまうと中学生の妄想のようですが、理想の先輩とはこんな感じではないでしょうか。

「僕は」とあるように、ありそうで、滅多になさそうだけど、こういうことがあった、実際に。

ミソは、自分の考えたものの中から拾ってもらえた、というところでしょう。

「ここを、こうすれば」

使えるアイデアになったのは先輩の「こうすれば」のおかげですが、「ここ」を考えたのは自分。先輩がしてくれたのはアシストで、シュートを決めたのは自分のように思える。

アドバイスというものは、本人が考えたことを起点にすることで満足度が上がるのです。

なにしろ、考え方を教わってそこからもう一度考えるよりも、圧倒的に楽。

それに、自分で考えても伸びなかったものが一歩進む瞬間を目の当たりにするわけです。

先輩のすごさを実感し、尊敬せずにはいられません。


カッコいい先輩は、遊び方を知っている。

いや、「選び方」を知っている。

四の五の言わず、後輩のノートの中からズバッと選び、一言で解決する姿がカッコいい。

俺もなりたい！　こんな先輩に。

「考え方」より「選び方」。

「考え方」は提示できなかったけれど、「選び方」を生徒さんに提示できる講師になればいいんだ！


が、なれるかなあ？

「他の先生は、すごく良いって言ってくれたんですけど」と言われたりするわけで、僕には見る目がないのかもしれない。

そもそも自分の仕事でも「どれもこれも面白くないなあ」と思うばかりで、「これが面白い！」

と積極的に選んだ覚えもあまりない。

しかし、積極的にではないまでも、プレゼンには自分の考えたものの中から何かを選んで持っていっていたわけです。

「他の先生は、すごく良いって言ってくれたんですけど！」

「他は他っス。自分は自分の選び方をするだけっス。ごっつあんデス」

そうビシッと言ってみたい。

今まで自分は何を基準にどう選んできたのか、過去を振り返ってみようと思ったのです。

投資セミナーで学んだこと

が、少しずつ過去の仕事を振り返っていったものの、うまくまとまりませんでした。

今風に言うと「選び方」でタグ付けされていない、という感じ。それに、選んだものは覚えていても落としたものは忘れてる。「選び方」という流れで映画の回想シーンのようにはうまく繋がらなかったのです。

そんなある時、40代という年齢柄「無料投資セミナー」なるものに誘われたことがありました。

怪しいかなと思いつつも、老後の心配とお金へのスケベ心で行ってみると、意外にも僕の悩みを吹き飛ばしてくれることになったのです。

先生は投資の世界では有名らしい某金融会社の社長さん。「投資と投機の違いを知っていますか?」と話は始まりました。

「円高になると金相場が上がるとか、株価が動くと不動産がどうのとか、投資というと銘柄間の相関性についてよく質問されるのですが、信じられる確かなことは一つしかありません。何だと思いますか?」

すると、こう続いたのです。

「それは、未来のことは誰にも分からない、ということです」

そこからの話に僕は少なからず驚いてしまいました。

投資といえば、新聞を隈なく読んでそこに載っている小麦が不作だとかある国の選挙では革新が優勢だとかの記事から為替などの値動きを読んだり、世の中の流れからこれから成長しそうな企業を考えたりと、未来を予測することだと思っていました。

それこそ今流行りのビッグデータの最先端が金融機関です。データから未来を予測するプロ中のプロのはずなのに先生はこう言うのです。

「相関性や世の中の流れをその場その場で判断して投資先を変えていくことは、全て「投資」ではなく、「投機」。つまりバクチです」と。

「ルールを決めて、いくら値が上がろうと、いくら値が下がろうと、世の中の流れに一喜一憂することなく、同じルールで同じことを粛々と継続していくことが投資なのです」

世の中の流れを気にするな、臨機応変に行動するな、同じことを粛々と続けろ。

世間とは真逆の考えを、よりによってビッグデータのプロが言う。

全く既成概念に囚われていない。

何だか、すごくカッコいいなあ、と思ったのです。

コピーやCMを考えていると、つい世の中の流行を捉えようとするものです。また、広告業界もビッグデータの活用に躍起になっている。間違ってはいないけれど、業界全体がこんな時代だからとコロコロコロコロ考え方や用語を変え、目先に囚われているというか、大事なことから逃げているようにも思えてくる。

さらに先生は、

「初心者であればあるほど値動きに一喜一憂して、場当たり的にやり方を変えようとしがち。だから失敗するのです」

と続けました。

これも僕らの仕事に当てはまる。新しい考え方や流行りの言葉を探して飛びつこうとする。クリエイティブは特にそう。僕もそう。

「投資で大切なのは、ルールに沿ってどんな状況になっても同じやり方を粛々と継続することです。粛々と継続するために大事なことは、そのルールを誰にでも判断できて実行できる簡単なものにすることなのです」

これだ！

全てに感銘を受け、何度も先生が繰り返す「粛々と」という言葉もツボに入ってしまいました。

しかし、最も感動したのは大前提の、

「未来のことは誰にも分からない」

そう断言して、そこから話を展開されたことでした。

未来のことは誰にも分からない、それは当たり前のことのようですが、疑いようのない真実。それを「真実」と捉えるか、「当たり前」と捉えるかは微差のようで非常に大きい。

「当たり前」と捉えると、「何をそんな当たり前のことを。で、その未来を予測する投資のコツを教えてよ」となってしまう。

「面白いって何なんすか!?」と生徒さんに詰め寄られてしまったため、何か答えねばと取り繕っていた僕でしたが、ようやく本音を思い出したのでした。

「何が面白いかなんて誰にも分かんねーよ」

誰にも、かどうかはおいといて、少なくとも僕には分からない。開き直っているようですが、やっぱりそれが大前提、そこから話し始めるしかない。

すると、「何が面白いかなんて俺には分からない」と最初に思った瞬間を思い出し、徐々に自分の過去を整理できるようになったのです。

第2章

文章は「単語」の組み合わせ、と考える

もう三十なのに、まだ結果出せてない。助けて！

「何が面白いかなんて分かんねーよ」

正確に言うと、確実に面白いことを思いつける考え方などない、少なくとも自分のレベルでは考えるというより偶然見つけるしかない、と思った。

そう思った瞬間をハッキリと覚えています。

それは、「スピード」を見た時でした。

誤解する人はいないでしょうが、「スピード」と言っても１９９４年キアヌ・リーブス主演の映画のことではありません。

それは２００１年のキユーピーマヨネーズの名作コピー、

「speed! 料理は高速へ」

を見た時のことでした。


当時30歳を過ぎた僕は焦っていました。

とりあえず新人と言われる年齢ではなくなり、一通り仕事の進め方を覚え、小さな仕事などで自分のコピーや企画が採用され始めた頃です。

コピーの書き方が分かったような気になっていた。

入社して約10年。30歳の頃というのはどんな職種においても思春期、というか反抗期のようなものですよね。

上司の考えは古い、一人で自由にやらせてもらえれば必ず結果を出せるはずだ。早く仕事を任せて欲しい。

しかし、念願叶い仕事を任せてもらえたものの、張り切って作ったCMは空回り。こんなはずじゃない、任せてもらった商品と俺の相性が悪かっただけだ。が、さらに張り切るとさらに空回り。見たかった結果ではなく見たくなかった自分の実力を思い知らされることになっていました。

一方で、30歳にもなると周りに結果を出す同僚が出てくる時期でもあります。

仲の良い友達が賞をもらうのを目の当たりにし、授賞式に駆けつけたりお祝い会の幹事などをすることになる。

もちろん、おめでたいし、嬉しい。

けれど、あのクライアントのあの商品を担当できるなんてあいつは運が良いよなあ、と思ってしまったりもする。

この仕事は資格がいらない一方で、結果が出ないと上達した実感を持てないものです。

さらに30歳は、後輩が育ってくる頃でもあります。

打ち合わせなどで、自分のではなく後輩のコピーが褒められることも増えてくる。

それはそれでいいのですが、ちょっとした飲み会などの時に先輩から、

「あいつ（後輩）最近良いコピー書くようになったよなあ。お前ウカウカしてるとすぐ抜かされちゃうぞ、どうすんの？」

「はあ、頑張ります」

「頑張るって、どう頑張んの？」

「はい……今まで以上に頑張ります」

先輩がハッパをかけてくれているのは分かるのですが、こんな時、「頑張ります」としか答えようがないのが辛いところなんですよね。

それまで頑張ってなかったのなら話は早いのですが、自分なりに頑張っているつもりなだけに、「頑張ります」と言ったところで何をどうすればいいのか分からない。

そんな僕に先輩がアダ名を付けてくれました。

「永遠の不発弾」。

君の考える企画は当たればデカそうだ、と持ち上げてくれつつ、が、採用され陽の目を見る可能性は低そうだ。

さすが先輩、うまいこと言うなあ……。

とにかく、焦るばかりでグルグル同じ所を回っていました。

というか、周りの同僚が上がっていくから相対的にグルグルグルグル落ちていってる気がする。

ちょうど「デフレスパイラル」という言葉も流行っている頃でした。

単語の力「speed!」

そんな時でした、「speed!」を見たのは。

野菜をこきみ良く刻んでいくだけの映像に、「speed! 料理は高速へ」とコピーが載るシンプルなＣＭ。


マヨネーズの広告に、「speed!」？

とても新鮮に見える！　ＣＭも野菜も！

が、一体どうして「speed!」なんて言葉をマヨネーズに使おうと思ったのか？

自分には書ける気が全くしない！

このコピーはコピーの神様と言われる方が書かれたものなので、僕がそう思うのは当然なのですが、とにかく圧倒されたのでした。

あるテーマについて深く考えていくことを、「深掘りする」と言いますよね。

そのイメージで話しますと、マヨネーズのコピーを書こうとすると、まずはマヨネーズとくればサラダや野菜だな、と掘り進むことになります（実はこのフォーカス自体、相当すごいと思うのですが）。

掘っていくと、「自然」「新鮮」「健康的」「朝」などなど、そこから連想される言葉がどんどん出てくる。

が、あるところまで掘っていくと、堅い岩盤にぶち当たります。

言葉が出てこなくなる。

なんとか捻り出そうとしても、「新鮮」や「健康的」をそのまま言い換えたような言葉しか出てこず、まるで、真下に掘り進んでいたつもりが堅い地殻に沿って横に横にとそれていくうちぐるっと地球を一周したように、やっぱり「新鮮」に戻ってくる。

まさに、頭が同じ所をグルグル回るばかりで一歩も進まない感覚。テーマが何であれ、考えても考えても出ないという時はこういう感じですよね。

コピーの考え方は、「コンセプト」から「コアアイデア」を考えそこから具体的な言葉に落と

キユーピー キユーピーマヨネーズ TVCM
料理は高速へ（ゴーヤー）篇

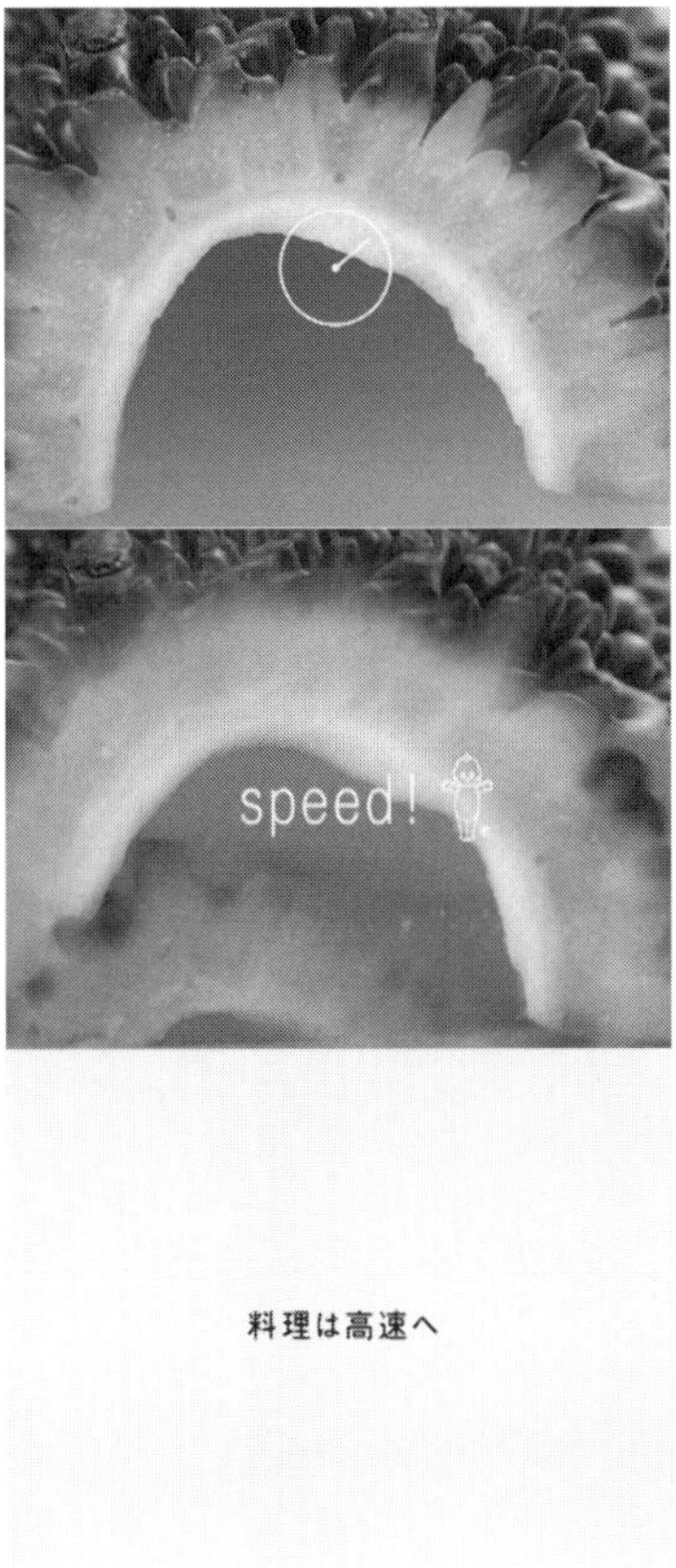

素早く刻まれていくゴーヤーの映像。
ストップウォッチ（イラスト）の針が動いている。

コピー： speed!
料理は高速へ
キユーピーマヨネーズ

し込む、とまとめられたりしますが、いくらコンセプトが正しかろうが真下に掘ること自体が難しく、正しいプロセスを踏めば必ずspeed!を掘り当てられる保証などない。

しかし、堅い岩盤を突破して手に入れた人がいる。

「閃く」などという言葉で片付けてはいけないような凄味を感じたのです。

しかも、何しろ、一語。

広告コピーは文章より短いとはいえ、普通一文。十数文字は使えます。

一文にでもなっていれば、文体がどうとか、レトリックがどうとか、いくら神様が書いたコピーであっても研究する取っ掛かりがある。

悪く言えば、真似もできる。

が、speedは、わずか5文字。

よりによって子供でも知っている簡単な単語。

真似もできない。

そこにはspeedが有るかないかだけ。

考えるというよりは、見つけられるかどうか、に思える。

神業と言うとそれまでですが、いくら「考え方」を学んでも、こうすれば必ず思いつくという方法などないと思ったのです。

とはいえ、神様の頭の中にはきっとお考えになった道筋があったのだとは思います。

例えば、ファストフード、スローフードという言葉がある。生野菜を食べることは、ファストよりも速く、スローより身体に良いはず。となればファストでもスローでもない時間の切り取り方ができるのではないか。

もしそう言われたら、なるほど、と納得できる。

しかし、それは言わずもがなですが、「speed!」という答えを見てしまったから言えることで、ノーヒントで自分がそう考えられたとは思えない。ヒントがあったとしても、speedという単語を選べた気がしない。

そもそも「考え方」を知れば答えを出せるのは、勉強のように答えが一つに決まっている時だけではないだろうか。クリエイティブの答えは一つではないとも言うわけで、無限にある単語の中からspeedを選ぶのは「考え方」だけでは説明がつかない。

万一僕がこれを思いつくことがあったとしたらどんなプロセスだろうか、と考えたりもしました。

ちなみにこの当時大ヒットしていた映画が、キアヌ・リーブス主演の「マトリックス」。

万一思いつくとしたら、TSUTAYAで「マトリックス」を借りるついでに何となく同じキアヌ・リーブスの旧作「スピード」も借りて、返却日の朝「スピード」は見ていなかったのを思い出し、勿体ないから朝食の用意をしながら流していると、ついスピードのテーマ曲のリズムに合わせて野菜を切っている自分に気づき、「あっ!」

そんなところだろうかと、本気で妄想したりしました。

ともかく、僕ごときがコピーを「書く」とか「考える」などと言うのはおこがましい、偶然「単語」を「見つける」しかないのだ、と思った。

もう三十なのにまだ結果出せてない、だって? 結果なんか出せるわけないじゃん。何言っちゃってんの?

とにかく降参、自分には無理、考えても無駄。

が、この「偶然単語を見つけるしかない」。

ただ開き直っただけでしたが、「文章を書く」という複雑な行為が、「単語を見つける」と分解されて、一歩簡単になったとも言える。

何をどう頑張れば良いか分からずモヤモヤしていた僕には、探すべきものが見つかったようにも思え、なぜかスッキリしたのでした。

文章は「単語の集まり」

とはいえ、speed!はかなり特殊なケースと言えます。

ほとんどの文章は一単語ではないからです。

「ありがとう」や「頑張れ」など、一単語で終わる一文もあるにはありますが、「ありがとう」だけを読んで、良い文章だ！　とは思えないですよね。

もちろん、ある文脈の中に置かれると「ありがとう」の一言が胸を打つものになったり、ザ・ブルーハーツが歌えば「ガンバレ！」も強く響くものになったりもします。

が、レアケースと言えるでしょう。


しかし逆から考えてみると、文章は単語の集まりとも言えます。

単語の順番を多少入れ替えても、伝わる意味や印象が大きく変わることはありません。

読みやすさや、分かりやすさや、味わいといったものは順番によって変わるものの、印象を決定づけているのは一つの単語の有りなしとも言えるのではないでしょうか。

例えばルミネの名作コピー。

「試着室で思い出したら、本気の恋だと思う。」

言わずもがなですが、このコピーで最も目立っている単語は「試着室」。

ファッションビルのコピーを書こうとすると、「恋」「自分らしさ」「変わる」「季節」などといったテーマから様々な単語が連想されるわけですが、いくら「恋」がテーマだからといって、「本気の恋」だけでは目を惹くコピーにはならなかったはずです。

ファッションビルから連想していく単語の中で、今まであまり使われることがなく、しかしファッションビルについて語っていることが分かりやすい「試着室」という単語を使ったことが目を惹いたわけです。

もちろんこのコピーの素晴らしいところは、「試着室」という単語ではなく、「試着室で思い出す」という心の動きを発見したことで、それが多くの人の共感を呼んだのだと思います。

しかし、なぜ単語として「試着室」に注目するかというと、万一僕らにこのコピーを書く可能性があるとしたら、偶然「試着室」という単語を発見することしかないのではないかと思うのです。

ファッションビルでの自分の経験や心の動きを観察して、「試着室で思い出す」ことってあるよな、と思い至ることができるなら、それでいい。

しかし、そんな経験がなければ思い至ることは難しいし、中々思い至らないことだからこそ、このコピーを見た時の驚きに繋がったのだと思う。

「共感」とは、「みんなが感じていること」、と簡単に考えがちですが、その実体は、「普段は誰も思い至らないけれど、言われると誰でも簡単に理解できること」、というのが正確ではないでしょうか。

このコピーを僕らが書けることがあるとしたら、たくさん書いたコピーを見直す時に、その中で偶然使っている「試着室」という単語に目を留めることから始まるように思うのです。

おそらくその時点では、「試着室で思い出す」という心の動きを捉えたコピーにはなっていないことでしょう。

しかし、「試着室」と「ルミネ」の二つの単語の組み合わせが、何か新しいコピーになるヒントに思える。

そこから連想をし、適切な言葉の組み合わせをした結果として、「試着室で思い出したら、本気の恋だと思う。」に至ることができる、かもしれない、と思うわけです。

すみません、僕は、万一自分ができるとしたら〜と妄想するのが好きなんですよね。誤解のないよう書いておきますと、このコピーを書かれた方は、こんなプロセスで書かれたわけではない、ことでしょう。屁理屈なので話半分に読んでください。

しかし、「試着室」という単語は誰でも知ってますよね。

そして、ファッションビルのコピーを書こうとして、ファッションビルでのあれこれを思い浮かべる時、「試着室」は決して思い出しにくい場所ではありませんよね。

なのに自分がこのコピーを書けないのだとしたら、情景などに囚われて、「試着室」という単語自体に注目することがないからのように思うのです。

単語で文章を考えるさらに分かりやすい例として、カロリーメイトの名作コピー、

「とどけ、熱量。」

が挙げられます。

わずか二単語。

カロリーメイトのコピーを考えるとしたら、「頑張る」「受験勉強」と連想は広がっていくことでしょう(「受験」にフォーカスすること自体、相当すごいと思うのですが)。

考え方から見ると、「熱量」という単語は「頑張る」の先にあったものだと説明できます。

しかし、僕らが「とどけ、熱量。」を初めて見た時に思ったのは、そんな理屈ではなくこんな

感嘆ではなかったでしょうか。

カロリー＝熱量、か！　「熱量」があったか！

「熱量」という単語の発見に驚いた。

驚いたということは、いくら考え方が分かっていても、その単語を見つけること自体が並大抵ではできないことの証拠に他なりません。

が、逆に言うと、この単語さえ見つけられれば、あともう一単語「とどけ」を選ぶことでこのコピーが書けたかもしれないわけです（「とどけ」を選ぶのも、簡単ではないと思いますが）。

もし自分がカロリーメイトのコピーを書いていたとしましょう。

そして、もし自分の書いた中に「熱量」という単語が入っていたとしましょう。

「とどけ、熱量。」の成功を見る以前だとしたら、カロリー＝熱量、は逆に距離が近すぎると感じ、目立つかどうか判断が難しいかもしれません。

が、万一僕らにこのコピーを書けることがあるとしたら、その時「熱量」という単語に注目することしかないように思うのです。

繰り返しになりますが、このコピーを書かれた方は、こんなプロセスで書かれたわけでは、ない、と思います。

しかし、僕らにできることがあるとしたら、偶然書いてしまった、そんな単語を素通りしないことではないでしょうか。

印象を決定づけているのは一つの単語の有りなし。

コンセプトから考えると、「頑張ってる君を応援します。」というコピーでも別に良かったわけです。しかし「熱量」と比べるとチープなのは明らかですよね。

が、それは「熱量」という単語を候補として見つけることができて比べてみれば、という話です。

素通りしないこと、などと偉そうに書いた僕ですが、「熱量」を見た時思ったのは、自分だったら選べただろうか、いや、それ以前にきっと何か情感っぽいコピーを書こうとしたのではないか、それこそ「頑張ってる君を応援します。」とか書きかねないぞ、いや絶対書いちまったなぁ、ということでした。

そして、「熱量」のような決定的な単語が商品の周りにあったにもかかわらず、チープな単語でコピーを書いてしまったことが、きっと僕の過去にはたくさんあったんだろうなあ、と思ったのでした。

単語単語と受験英語のように書いてきましたが誤解のなきよう改めて書いておきますと、良い文章やコピーには必ず珍しい単語が入っているわけではありません。

むしろ逆で、似たジャンルで使われがちな平易な単語ばかりなのに輝きを放つものが名文と呼ばれるものです。

そもそもの伝えようとする内容が素晴らしい、テクニックがすごい。

が、俺には無理、無理無理。

いきなり良い文章を書けるわけがない。

英語と同じ、いきなり喋れるわけがない。

日本人が海外に行くと文法を気にしすぎて英語が喋れないと言います。しかし実際は単語だけのカタコトで伝わるものです。

やっぱ、「単語」だ。

偶然「単語」を見つけるしかないのだ。

すると偶然そんなタイミングで、単語テストのような仕事をすることになったのです。

アイデアとは「単語の組み合わせ」

単語に注目すると、今まで自分の書く文章がつまらなかったのは内容もさることながら、ありがちな単語ばかり使っていたからではないか、と思うようになりました。

面白い文章にしようと「てにをは」や文体にこだわっていたけれど、ありがちな単語を並べ替えているだけだったから、いくらこだわっても印象が変わらなかったのかもしれない。

そもそも「こだわり」というのは厄介な言葉です。

どうでもいい小細工に過ぎないのに、こだわってる、と思うと気持ち良くなって、ますます小細工ばかりに勤しんでいた気がする。

思い当たるフシがいろいろありました。

例えばCMで言うと、ビデオコンテを作る際に音楽を当てる時、ただの音楽イメージで実際オンエアーする時に使えるわけでもないのに、あーでもないこーでもないと好きなCDを持ってきては時間をかけたりしていた。

ちょっと楽しかったりするんですよね。

が、そんな感じで自分がこだわってるつもりの時は小細工にしかなっていない可能性が高い。

文章を書こうと思わずに、単語を並べると考えた方がいいかもしれない。


すると、そんなタイミングで単語テストのような仕事をすることになったのです。

それは、炭酸飲料「ファンタ」のキャンペーンでした。

この仕事は意外な調査結果から始まりました。

それまで子供たちにとって炭酸飲料は「友達と遊ぶ時に楽しい気分で飲む飲み物」のはずだったのですが、調査をしてみると健康志向の高まりもあって「嫌なことがあった時に、今日くらいはいいか、とストレス発散のために飲む飲み物」と、イメージが変わっているとの結果が出たのです。

その「ストレスがある時に飲む」というコンセプトから表現を考えていき、幾度かの調査の末、ストレスのシンボルとして「変な先生」が登場するシリーズに決まりました。

が、本番はそこから。ＣＭ一本、つまり一人の先生キャラクターを決めるのにも調査が続いていったのです。

つまり、クライアントさんに気に入って頂けても、調査でターゲットの中高生から面白いと言われなければやり直しということ。

具体的に言うと、社内での打ち合わせに毎回8案程度考えていき、5回ほど打ち合わせをして選んだものをクライアントさんにプレゼンし、3回ほどプレゼンした後、選び抜かれた先生キャラをグループインタビュー(グルイン)にかけて、中高生の意見を参考にもう一度考え直し、2度目のグルインでようやく実際に撮影する一人の先生が決まるというプロセスとなりました。単純に計算すると、8案×打ち合わせ5回×プレゼン3回×グルイン2回。240人の先生キャラを考えてようやく一人決まるということになります。

そして第2弾CMを作るためにまたゼロに戻って……と続いていったのでした。

最初のうちは論理的に、

「何を喋ってるかよく分からない先生っているから、こういうキャラにしよう(ドラゴン先生)」

「とにかく上から目線で生徒の言うことを何も聞いてくれない先生って嫌だよな(将軍先生)」

と考えていたのですが、そのやり方で何百人もキャラクターを考えられるわけもなく、次第に目に付く物を先生と呼んでみて、「扇風機先生、だとどうなるだろう」「金髪先生……今時塾には普通にいるなあ」などとやみくもに考えることとなりました。

ドラゴン先生・激安先生・革ジャン先生・将軍先生・ツッパリ先生・昼メロ先生・DJ先生・黒ひげ先生・エビさん先生・透明先生・グラビア先生・ドップラー先生・腹話術先生・ロ

ボット先生・ニューハーフ先生・リストラ先生・ふんどし先生・霊感先生・からまわり先生・超音波先生・ピノキオ先生・バイト先生・先生姉妹・泣き虫先生・チャック先生・花粉先生・もじもじ先生・モバイル先生・ＣＧ先生・ランキング先生・にんにく先生・ノーパン先生・下っ端先生・スケスケ先生・モヒカン先生・ファミレス先生・落書き先生・ラブラブ先生・近所のおばさん先生・独身先生・逆ギレ先生・審判先生・アリババ先生・巨匠先生・激写先生・シベリア先生・西海岸先生・覆面先生・クイズ先生・ミニチュア先生・催眠先生・変装先生・政治家先生・コスプレ先生・変態先生・曖昧先生・マネキン先生・赤ちゃん先生・大工先生・猛獣先生・隠密先生・マムシ先生・９６９６先生・ジュラシック先生・変身先生・黒服先生・なげやり先生・Dr.先生・こっくり先生・田舎っぺ先生・タイムマシン先生・絶叫先生・ダメダメ先生・カラオケ先生・彫刻先生・姑先生・ゾンビ先生・ウグイス先生・流血先生・おしおき先生・仮病先生・カミナリ先生・お祈り先生・ノーコン先生・駅員先生・反則先生・オウム先生・不器用先生・両面先生・浦島先生・コンビニ先生・人見知り先生・好調先生・マグナム先生・先生刑事・演歌先生・横綱先生・オールナイト先生・女子アナ先生・筋肉先生・大リーグ先生・黒板先生・ガングロ先生・吉本先生・雨女先生・拷問先生・オタク先生・お化粧先生・留年先生・負け犬先生・エリマキ先生・ホームレス先生・飲み過ぎ先生　などなど

自然と、「単語」を探し「先生」と組み合わせる訓練になった。やみくもに組み合わせているうちに、論理的に考えるだけでは思いつかなかったキャラクターを偶然見つけることができた。そんな体験となったわけです。

ちなみに僕が好きだったのは「ニンニク先生」。ニンニクのマークのポロシャツを着ているだけの普通の英語の先生が、発音の悪い生徒の目の前で熱心に「R」と「L」の発音の違い（巻き舌）を教えるというもの。映像的には普通なのに生理的にインパクトがあって新しいぞと思っていたのですが、ニンニク農家さんが悲しむだろうなあとボツ。ていうか今だといろんな意味で完全にアウトだろうなあ。20年前が懐かしい企画です。

ともかく、speed!を見て、考えるというより偶然見つけるしかない、と感じたことが、スッと腑に落ち刷り込まれることとなりました。

この先生シリーズとspeed!とではレベルも意味合いも全く異なるため同様に語るのは恐縮なのですが、思えばspeed!もマヨネーズとの組み合わせだったから衝撃を受けたわけで、スポーツカーのコピーでspeed!と見てもそうは思わなかったはずです。

それまで僕は、「アイデア」とは閃くもので「企画」とはそれが絡み合ったもの、と、ある種複雑に、でも曖昧に思っていました。

が、その根本は「単語の組み合わせ」にすぎないのだとシンプルに思えるようになったのです。

これは何も新しいことではありません。企画術の本などには「広げて考えて新しい組み合わせを作ることによりアイデアが生まれる」と必ず書いてあります。僕は「そりゃそうだろう。で、どうすればいいの？」と当たり前のことのように読み飛ばしていました。

しかし、サラッと書いてある「広げて考えて」という言葉。さして気にも留めていなかったけれど、どこまで考えれば「広げて考えた」と言えるのか。冷静に読むと「組み合わせを作る」前にものすごい努力を要求しているようにも見えますよね。

なぜか無意識に自分は当然「広げて考えている」気になっていて、その先のコツばかり求めていた。

偶然見つけるしかない、と意識することで、ようやく広げて考えることができたように思えたわけです。

どうすればいいのか分からず焦っていた30歳で、たまたま出会ったコピーがspeed!というわずか5文字の一単語だった。そして、そのタイミングで頂いたのがこの仕事だった。

それも偶然の組み合わせ。

自分探しよりも、俺は偶然を探して生きていこう。

ラッキーカラーやラッキープレイス、ラッキーフード、僕はこの頃から占いにハマるようになりました。

＊*FANTA*とファンタは *The Coca-Cola Company* の登録商標です。

第3章

「面白い」の反対語は「よく分からない」

グルインで、フルボッコにされる。助けて！

僕にとってファンタの仕事は、漢字ドリルや算数ドリルのように、単語の組み合わせを反復練習させて頂ける機会となったわけですが、ところでみなさん、漢字ドリルや算数ドリル、好きでしたか？

だーい好き、という人は少ないですよね。

繰り返すことの大切さは分かっているけど、面倒臭い。

先生キャラクターを考え続ける先生ドリルの日々。

考え続けていると正直疲れてくるものですが、そんな疲れを忘れてしまうほど頭が真っ白になることが度々ありました。

それは中高生とのグループインタビューでのことでした。

グループインタビュー（グルイン）とは、その商品の購買層である一般の方に集まって頂き直接ご意見を伺う会のことを言います。

ファンタの場合、炭酸飲料のターゲットである中高生を男女別学年別に6人1組のグループに分け、グループでCMの企画絵コンテを見てもらい感想を聞くことになりました。

通常は中高生が話しやすいように、同席する大人は調査会社のモデレーター（司会）一人。クライアントさんや僕らCMプラナーは別の部屋からモニターを通して見守ることになるのですが、司会の方より「この絵コンテは説明しづらい」と言われてしまったことから、僕がグルインの部屋に同席し中高生に説明することとなりました。

僕が一案説明する毎に、司会の方が「みなさん、いかがでしたか？」と一人一人意見を引き出していくという段取り。

企画をよく知らない司会の人が説明するよりは、自分で説明する方が良い結果が出るだろう。人任せで悪い結果が出たら悔いが残る、むしろラッキー。

と、思ったのですが、その実態は全く違うものでした。

その場での僕はただの「コンテ説明おじさん」。

つまり、調査の客観性を高めるため、説明が終わったらその後のディスカッションは全て司会に任せねばならず、僕は一言も喋ってはいけなかったのです。

そもそも中高生は大人ではないので、「大人の対応」はしてくれません。目の前の僕が企画を考えた本人だとも知らず、「よく分かんない」「つまんない」と忖度なしの言葉。凹むというより陥没しそうな勢いでフルボッコされることになりました。

もちろん、調査なので面白くなければ面白くないと正直に言ってもらった方がいい。

しかし、僕がコンテを説明している時によそ見をしている子がいるなと思っていると、案の定その子は「意味不明でした」と感想を言う。

よそ見もあれば、明らかに誤解していることもある。

今でこそビデオコンテ（絵コンテを映像素材やアニメーションで作った実際のCMをイメージしやすい動画）がありますが、当時は絵コンテ（4コマ漫画のようなもの）しかありません。理解するのに想像力が必要な上に、そもそも絵コンテを見ること自体が初めての中高生、誤解するのも無理はない。

しかし、コンテの説明は一度だけという決まり。

もう一度説明してちゃんと聞いてもらえれば「面白い！」と言ってくれるかもしれないのに、

できない。

そして司会はというと、喋れない僕の代わりに「ちゃんと聞いてろよ!」と一発かましてくれるどころか、むしろ逆。「意味不明だったね。どこが良くなかったんだと思う?」と中高生が話しやすいように、完全イエスマンとなって促します。

それが司会者の役目なのは分かってる、でも、中高生の感想に企画の生死がかかってる。燃料投下された中高生は当然活き活きと「ていうか、こんな先生実際にはいるわけないし」と口撃を始め、その企画は「わけが分からないもの」と結論づけられてしまうのでした。

黙って聞いてりゃいい気になりやがって、よそ見して聞いてなかっただけじゃねえか、おい、司会! 意味不明でまとめてねーで、ちょっとはフォローしろよ!

すると、僕の念が通じたか不意に司会がこっちを向いた!

しかし僕に投げられる言葉は、

「では次の企画の説明をお願いします」

グルインとは、そんな繰り返しだったのでした。

でもしょうがない。よそ見や誤解は僕の説明力不足でもあるからまだ諦めがつく。

しかし最悪のパターンが別にありました。

大人でも子供でもないのが中高生。「大人の対応」でもなく、素直に感想を言ったり無邪気に面白がる「子供の対応」でもなく、「反抗期ならではの対応」というものがあったのです。

企画を説明すると稀に反応の良い時もありました。

笑いが起こりウケている、笑ってない子も目が輝いていて興味を持ってるのがビンビン伝わってくる。

手応えアリ！　それもそのはず、その企画は事前にクライアントさんにもウケており、今日の一押しにしていた自信作。他の企画がボコボコにされても、実際に作るのは一本。これさえ生き残ればそれでいい。何しろもう企画を考えなくてもいい、長かった先生ドリルから解放されるのです。

さすがに司会もその反応に寄り添って「みんな笑ってたね。どこが面白かったですか？」とポジティブな質問を投げかけ、僕も別室のモニターを見ている同僚に分かるよう、カメラに向かってニヤッと笑ったりする、そんな時です。

最初の子がしばらく黙ってたかと思うと、おもむろにこう言ったりするのです。

「俺は笑ってないっすよ。てゆうか、俺的にはこんなガキっぽいので笑うとかダサい」

斜に構えて、俺は違うよみんなとは、と。

そこにいる6人の中高生たちは友達などではなく、バラバラに集められた赤の他人。さっき大声で笑っていた子には緊張感が走り、寄り添うがモットーの司会者は寝返ったように「どの辺が子供っぽいって思ったのかな？ ダサいかな？」と聞くものだから、俺君は俺節を語り出し、一気にその場は氷点下。

そうなるともうダメ。

司会が他の子に「君は笑ってたね。どこが面白かったですか？」と話をふっても、「間違って（笑いました）……」と暗殺を恐れるように口を閉ざしたり、または、自分も反抗期だったのを思い出したかのように「よく見たらダサいっすね」と目をそらす。

トップバッターがあいつだったばっかりに、俺の企画が死んでゆく……。

ようやく考えついたお薦めの自信作でみんなもウケた時に限って、これが起こる。

指をくわえて見ているしかない僕、そしてこの瞬間が意味することは、また何か新案を考えねばならないのも僕だということ。

頭を切り替えて新しいアイデアを考えるしかないわけですが、人間だもの最初と同じモチベーションで考え続けられるわけはありません。

「もう新しいアイデアなんかどこにもない、どうしてあの案がボツになっちゃうんだよ〜」と、もう生き返らないアイデアへの未練ばかりが渦巻いて、新案を考えなきゃいけないのに自分をなだめることに時間を取られてしまう。

グルインに限らず、打ち合わせでもプレゼンでも、そんなことありますよね。

そんな時どうしてます?

どうせ頭が働かないことですし、同じような人もいると思った方が気が楽になるのではないでしょうか。

つまり、一見愚痴ばかり書いてあるネガティブなこの本ですが、案外心を穏やかにする作用があると思うのです。贈り物にいかがでしょうか。

「面白い」は「足せる」ものではない

とはいえ、中高生が大人の対応をしてくれないだろうことくらい大人の僕は当然想像していました。心の準備をしっかりして、何を言われても大人の対応が取れるのが大人なわけです。

が、実際にグルインをしてショックを受けたのは、むしろ逆のことでした。

「面白くない」「つまんない」

そう言われることは、意外なほど少なかったのです。

中高生は企画が面白いと思った時には「面白い!」と言ってくれましたが、そうでない時に返ってくる言葉は「面白くない」ではなく、「よく分からない」。

「面白い」の対義語は「よく分からない」だったのです。

企画の説明をすると、面白いか面白くないか以前に、とにかく「よく分からない」の洗礼を浴びることになりました。

司会が中高生に「どこがよく分からなかったの？」と聞いても、誰しも自分が「分からないこと」を説明するのは難しいもので、「全体的に」としか返ってこない。

僕は同じ企画を別のグループに説明する時、ゆっくり喋ったり説明の仕方を変えたりもしてみましたが、やっぱり「分かりません」となる。

日常会話でもそうですが、何度話しても「は？」とか「よく分からない」とばかり返ってくると、ディスられるより凹みますよね。

というか、自分で考えたものだから当然僕には分かりやすいものなわけで、どうして分かんねーんだよ！　とイライラしてくる。

しかし、目の前でこれだけ「よく分からない」と言われると、ともかく僕の企画の大半は「分かりにくい」ものだったと認めざるを得ません。

「どうせまた、よく分かりません、って言われるんだろうなあ」

と、諦め半分でコンテを説明していた時です。

諦め半分の残りの半分で彼らの表情を見ていると、ふっ、と興味を失う瞬間のようなものがあるのに気づいた。

その瞬間が説明している企画のどこだったかというと、僕が面白くするために工夫したポイントばかり。

つまり、面白くしようと工夫したことが、面白くするどころか却って分かりにくくさせていたのです。

一般に「企画は引き算」と言われます。

その企画の面白さをより分かりやすくするために、余計な部分を削っていくことで、60点の企画を70点にも80点にもできる。

しかし、結果を出したいと焦っていた当時の僕はとにかく面白くしなければと必死で、自分の考えた企画に面白さが足りないのではないか、もっと足さねば、と、むしろ企画とは関係のない変なセリフを加えることでプラス5点、ストーリーに意外な変化を加えてプラス10点と、間違ったプラス志向で追加点を狙おうとしていたのです。

昔、CM撮影中のこと。とあるシーンで、最終的には一つのセリフしか使わないわけですが、何種類もセリフを試していると、タレントさんがウンザリして、

「どうしてこんなに撮らなきゃいけないんですか！」

と、場が緊迫したことがありました。

僕がタジタジしていると、ディレクター（CM監督）がタレントさんにこう言ったのです。

「15秒のCMでは、2・5秒のセリフは全体の6分の1ですよね」

（ちなみに2・5秒がどれくらいの長さかというと、「明日プレゼン、まだできてない。助けて！」を読むと約2・5秒）

「90分の映画で言うと15分なわけです。15分も変わったら映画の印象が変わるように、CMはセリフ一つが変わるだけでガラッと面白くなることがある。だからいろいろ試したいんです」

それを聞いてタレントさんは納得。僕は感動。

が、グルインで中高生の表情が物語っていたのは、僕が企画においてその逆をしていたということでした。

CMはわずか15秒だからこそ、関係ないものが一つ入るだけで、ガラッと全く分からないものになる。

コンテでは成立しているように見えても、自分の頭の中では辻褄（つじつま）が合っていても、他人には

全くついて来れないものになってしまう。

「面白い」は「足せるもの」ではない。

「足す」と「よく分からない」となる。

「面白い」の対義語は「よく分からない」だったわけです。


それにしても、ここまで自分の企画が分かりにくいものだったとは、ショックでした。

たまたまファンタのグルインで発覚したことでしたが、別の仕事でも同様に、面白さを足そう、と企画していた。

全てが分かりにくく、スベっていたのか。

ゾッとしました。

視聴者の生の声を聞く機会があまりなかった。

というよりも、僕が焦るばかりで聞く耳を持っていなかったのではないか。

グルインの部屋で繰り返される「よく分かりません」。寒い空気の中、一人発言権もなく黙って中高生の言葉を聞いていると、分かりにくいものは絶対に面白くならないのだと骨身に沁みた。

そして、普段の社内の打ち合わせがいかに温かいものであったかと胸が痛くなったのでした。

社内でも僕は聞く耳を持っていなかったことに気づかされたからです。

むしろ、上司や同僚を「敵」と思っていたからです。

打ち合わせの使い方

すみません、「敵」は大袈裟で「ライバル」ですかね。

ドラマチックに終わらせようと盛ってしまいました。

僕がグルインで気づいたようなことは、本来普段の打ち合わせで学べることです。

が、当時の僕は、打ち合わせをうまく使えていなかったんですよね。

とにかく自分が考えた企画を採用されたい、面白いと言ってもらいたい、極端に言うと打ち合わせをただ褒めてもらいたいだけの場所のように思っていました。

なので、自分の企画がボツになると自分という存在を否定されたように感じて、「どうして分かってくれないんだ」と、上司を散々呪ったりしていた。

後輩と一緒の打ち合わせなどは絶対負けられない戦いで、後輩が誰にでも思いつきそうなアイデアを持ってきて、それを上司が「分かりやすいなあ」などと褒めたりすると、「ていうか、普通なだけじゃねえかよ」と、まるでグルインの反抗期の子のように斜に構えた気持ちになったりしていました。

言葉で書くとこうなりますが、言葉ほど陰湿ではありません。

みなさんもそう思うことありますよね？

あ、ないですか。

まあ、僕は態度にも出ていたようで、上司や先輩から気難しく扱いづらい奴と思われていたようです。

ともかく、褒められたい、採用されたい。

面白くない、とか、分かりにくい、なんて聞きたくない。

自然と上司からのそんなアドバイスに聞く耳を持たなくなっていたように思います。

が、グルインの時思い出したのは、そんな僕に上司がよくかけてくれていた言葉でした。

「井村は少し難しく考えすぎなんじゃないか？　もっと楽に考えてみろよ」

やんわりと、まるで僕が難しいことにチャレンジしてるようにも聞こえる言葉で、分かりにくいことを伝えようとしてくれていたんだな。

人としても、CMプラナーとしても、分かりやすくなろう。

当たり前ですが、グルインと違って、打ち合わせでは「よそ見」をしている大人はいません。

なにより、その場にいる全員がその商品を熟知している、それをふまえて企画のどこが面白いかを分かろうとしてくれる。

そこで「分かりにくい」と言われようものなら、世の中の人には理解不能だと考えたほうがいい。

そう素直に思うようになりました。

打ち合わせを、分かりにくいかどうかチェックする機会、と明確な目的を持ってポジティブに思えるようになったのです。

遅すぎてお恥ずかしいのですが、30歳は会社員の反抗期、みなさんも反抗期ありましたよね？

あ、ないですか。

その反動のせいかそれからの僕は１８０度変わり、分かる分からない、をしつこく周りに聞く人となりました。

「分かりにくい」と言われれば、話が早い。

どこが分からないか聞いていけばいい。

しつこく、と書いたのは、「分かった」と言ってもらえた時も、どう理解しているかを聞いてみるようにしたのです。

グルインでの経験から、「分かった」と言う時も、なんとなく分かったと言ったけど内容が頭に入っていない人や、全く違う解釈をしている人が結構多いことが分かった。

例えば、この本で多用しております「頭がグルグル回っている感覚」という言葉。今はもうお読みになっているから「思考停止している状態」と理解して頂けてると思いますが、言葉だけを見ると、「頭の回転が速い」と思う人もいれば、「酔っ払ってるってこと?」と思う人もいるはずです。「同じ所をグルグル」と付けなければ正確に伝わってるとは言い切れません。

そして相手は自分が誤解しているかもしれないなんて絶対思ってはくれません。こちらから確認しなければ誤解されたまんまなわけです。

日常会話でも後になって「あ、あの時のアレ、そういう意味で言ってたのか」と思うことがたまにありますよね。でもその言葉を聞いた時には、全く疑問を抱かなかった。

誤解があっても会話は簡単に成立します。人はそれぞれ無意識に自分に都合良く解釈して、成立させてしまうものなのです。

また、単語一つにしても人それぞれイメージが違ったりもします。

例えば「山」といっても、エベレストのような尖った形を思い浮かべる人、富士山を思う人。山登りの苦しさを感じる人もいれば、頂上の気持ち良さを感じる人もいる。

長い文章になればなるほどそんな微差が積み重なり、受け取り方が全く違うものになる可能性があったりするわけです。

文章だけでなく、CMのコンテなども同様です。

コンテの説明をしていると、予期せぬところで笑う人がいる。「面白いじゃん」と言ってくれるのはありがたいけれど、よくよく聞くと、全くストーリーを誤解していたりする。

またはその逆に、打ち合わせではチーム全員がその商品や目的を熟知しているからこそ「面白い」と感じてしまう所謂「内輪ウケ」もある。

当然外部の人にはその面白さは分からない。グルインでも、全くそうは思っていなかった箇所で「内輪」だったと気づかされることが多々ありました。

人に見てもらうものを作る以上、誤解されるのは100%こちらが悪い。そして相手が気づいてくれることは100%ない。「どうせ俺の言葉なんて誰にも分かってもらえねーのさ」と、良い意味で悲観的になることを強くお勧めしているわけです。

分かりにくさをチェックすることは、正確に伝えられたかチェックすること。

そしてそれは、自分の書き方や考え方の変なクセや思い込みに気づくことにもなる。

分かりにくさをチェックすることで、ただその文章が分かりやすくなるだけではなく、知らず知らず自分から変なクセが抜けていき、効果的な言葉や表現を選べるようになるのです。

まず、打ち合わせでは、自分が書いてきたコピーや企画をそのまま手短に見てもらう。

その後に、そのコピーや企画に込めた意味や最低限感じ取ってもらいたかった意図を、できるだけ長く話す。

すると答え合わせのように、

「そこまでは感じなかったよ」

「そういう意味なんなら、ここをこうした方がいい」

等々、具体的なアドバイスが貰えたりする。

大事なことは、まず企画を見てもらって、その後に、意図を話すことです。

実際の打ち合わせでは、その逆に考え方や企画意図を話してからコピーや企画を見てもらうことが多くないでしょうか。

そうすると、当然理解されやすく、分かりにくい点が見つけにくくなってしまうのです。

企画意図を先に話してしまうと、コピーの言葉に企画意図が反映されているように感じてしまう。

でも冷静にコピーだけ見ると、長々話した企画意図などちっとも感じられないことが多い。

つまり弱点が誤魔化されてしまっている。

クライアントさんにプレゼンする時は企画意図から話してなるべく分かりやすさを演出することも大事ですが、社内打ち合わせでは弱点を見つける方に意味がある。

なるべく分かりにくい状態で見てもらった方がいい。


そういう意味で最近打ち合わせで気になるのが、パワーポイントやキーノートの多用です。

コピーや文章は文字だけなのでさほど害はないのですが、その他の企画では映画やドラマのワンシーンなどイメージ画像が添付されがちですよね。

パッとイメージが伝わり、分かりやすくなるのですが、やはり弱点が隠されてしまうことが多いのです。


ヒット映画のワンシーンには情報量が多い。

そのシーンだけでなく前後のストーリーを思い出し、そのシーンを見た時に感じた気持ちまで蘇るので、その企画の気分が分かった気がする、良く見えてくる。

しかし、それは再現不能なのです。

同じ予算で同じ一時間半の映画を撮るならまだしも、違う条件で同じことが再現できるわけがない。

「こんな感じで」「こんな気分で」とイメージ映像を出すと、「分かる分かる、いいね」と簡単に共有できるのですが、その「こんな気分」を新しく別の表現で作り上げることは簡単ではありません。

打ち合わせでは、盛らない方がいい。

盛るつもりはなかったとしても、パワポを使うことでついつい画像を添付したくなり、画像があるから具体的に考えられた気になってしまう。

実際に作り始めるまで弱点に気づかず進んでしまい、なんかイメージと違うなあ、と後悔することになるわけです。

「これ分かりにくいんじゃないか?」と上司に言われても、「いえ。コンテだから分かりにくいだけで、ちゃんと撮影すれば分かるようになるんです!」

そんな生意気なことを言っていた自分が恥ずかしい。

上司がこの本を読んだらどう思うんだろうなあ。

そして、グルインで反抗期ならではの態度をとっていたあの少年は、今どこで何をしているんだろう。

ひょっとして、こないだプレゼンした時、僕に意地悪な質問をしてきた宣伝部の人は君だったのかい?

未だに「よく分からない」だったかな？

今でもコンテを書いていると、

「これを見せたら、なんて言われるだろう」

あの時の中高生を思い出して、背筋がゾクッとするのです。

第4章

「面白くない」とは何なのか？

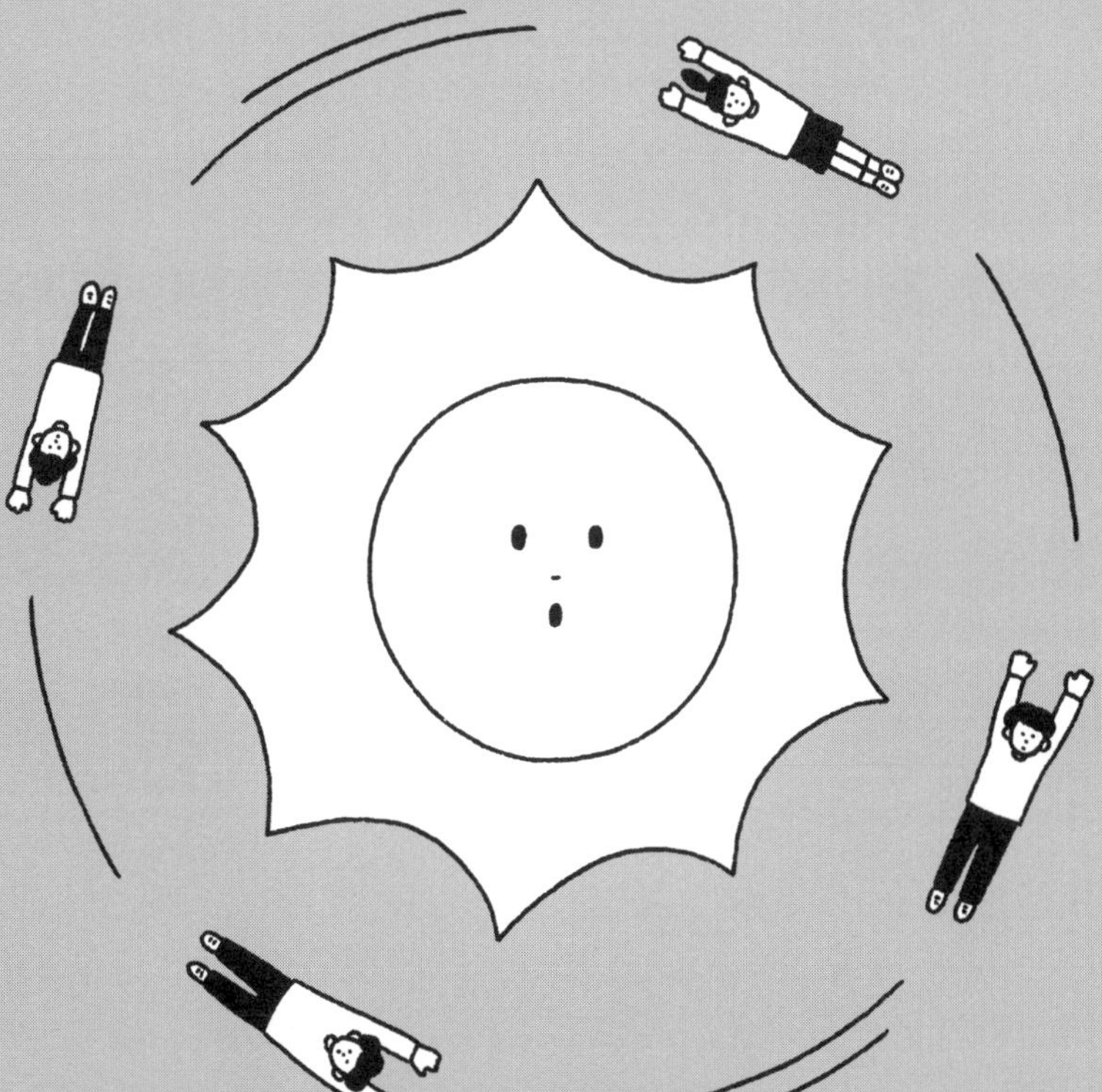

審査員をやって気づいたこと

「面白い」の反対語は「よく分からない」。

しかし、「分かりやすい」からといって「面白い」とは限りません。「分かりやすい」ことは必要条件であって十分条件ではないわけです。

じゃあ逆に十分条件って何なんだろう？

あれ？　十分条件って何だったたっけ??

ていうか、反対語が「よく分からない」なら、「面白い」の同義語って何なんだろう、逆に。

ん？　それは「よく分からない」の逆なはずだけど、「分かりやすい」は必要条件であって……。


まあ、それはともかく。打ち合わせとは、分かりにくいかどうかをチェックする機会。そう思うと、勝ち負けだ、とギスギスしていた気持ちも消えていきました。

人間の身体の約7割は水なわけですが、仕事の7割は打ち合わせだったりしませんか。

そこが変わるのはデカイ。

が、実際のところ僕は逆で、打ち合わせは3割ほど。企画を中々思いつけないタイプのため、一人で考える時間が7割。

それでも打ち合わせに前向きになったことは大きい。

勝ち負けと思わなくなると、自分の書いた言葉と人が書いたものを、並べてフラットに見ることができるようにもなってきました。

グルインのおかげで反抗期を脱し、ようやく社会人としての、コピーライターとしてのマナーを身につけたというところでしょう。

すると不思議なことに、今度はグルインとは全く逆の経験をすることになったのです。見られる側ではなく、逆に、見る側。たまたま、とある広告賞の審査員をさせて頂くことになってしまいました。

もちろん初めてのことでした。

それは毎年開かれているTCC賞という広告賞でした。

TCCとは東京コピーライターズクラブという団体の略称で、その名の通りコピーライターに贈られる賞です。

コピーというと、所謂ポスターなどの「一行のコピー」を想像されるかもしれませんが、

TCC賞は全ての広告を対象としており、ポスターや新聞などのグラフィック広告だけでなく、TVCMやラジオCM、商品のネーミングや広告の一環として開かれたイベントで使われた言葉等も同列に扱われます。

必ずしも「一行のコピー」だけでなく、セリフやストーリーなど、言葉が中心ではありますが広告としての効果全般で審査されるわけです。

応募作は数千を超え、一次審査・二次審査で100本程度に絞り、受賞するのは最終審査に残る上位10本ほど。

審査員はTCC会員による投票で選ばれた40名だったのですが、僕は投票で選ばれたわけではなく、この年はイレギュラーに別枠が設けられぺーぺーながらお呼び頂いたという経緯でした。

初日に会場に行くと、雑誌でしか見たことのないあの人この人、有名コピーライターが一堂に会していました。

あのspeed!の神様もいる！

その中にポツンと僕。

まずは挨拶すべきかどうかで迷ってしまった。

ビジネスマナーから言えば本来僕から挨拶すべきなわけですが、有名人にサインをねだるフアンのようにも思えてくる。

それに、するなら40人全員、一人一人にしなければ失礼だろう。

目が合えば会釈する程度にしておこう。

緊張とミーハー心で、浮き足立ちながら審査が始まりました。


４日間に渡り一年間分・数千本の広告を見ることは今まで経験のないことでした。

僕はこの仕事に就きながらも、日頃テレビや新聞を見ることがあまりなく、また地方でしか放送されていないCM等も出品されており、そのほとんどは初めて見るものばかり。面白いものがたくさんある。よくプレゼントキャンペーン等で「○○○を一年分プレゼント！」と聞くけれど、一年分ってこういうことか、と見応えがありました。

その上、ただ見るだけではなく、審査用紙に丸をつけていく。

一旦丸をつけて、「いや、それほどでもなかったかな」などと消したりしているうちに、ペーペーのくせに上から目線になってくるんですね。

少し感じ悪いですが、上から目線ついでに言いますと、審査の最初のあたりは楽なのです。

数千本の中から結果として十数本の入賞作を決めるのが目的なわけですから、ドライに考えると、結果として99％は切り捨てられることになる。

「明らかにこれは残るな」

圧倒的に面白かったり存在感のある作品があるので、あまり悩むことはない。が、一次二次と審査が進み、入賞作を選ぶ最終審査ともなると、きっとどれも面白く悩むことになるだろう。

その時に、

「君はどうしてこの作品が良いと思うんだね？」

などと聞かれるかもしれない。

周りは重鎮のみなさまです。

「いやあ、なんか面白いなあと思って……」

などと言うわけにはいかないなあ。

説得力のある理由を言えなければ恥ずかしい。何か尤もらしい言葉を用意しとかねばマズイぞ。

ところが、

「ずんだ餅をお持ちしました」

食事も出ればお茶やお菓子も運ばれてくる。

いつの間にやら先生気分で気持ち良くなっていました。

そんな時です。

不意に、よーく知っているセリフが聞こえて来て、冷や水をかけられたのでした。

自分の作ったCMが流れたのです。

ゲッ。

自分で応募していたのでいつか流れるのは分かっていたものの、自分の作ったものが審査される様子を見るなんて初めてのこと。

モニターから目をそらしたいけど、そらせない。

誰もこのCMが僕の作ったものとは知らないはずなので別にいいのですが、周りの大先生方が審査用紙に丸を書いたかどうかを気にしてるように思われると恥ずかしく、自意識が過剰に分泌されて横を向けないのです。

電車で目の前に胸元の開いてる女性が立っている時、見ていませんよ、と車窓の風景を眺めてアピールするように、一言一句よーく知っている自分の作品を必要以上に集中して見てしまいました。

CMは予定通り15秒で終わり、次の作品が始まって終わり、そのまた次の作品が始まって終わりして、自意識が平常運転に戻った時です。

浮かんだ言葉はこれでした。

「ひ弱だ……」

作らせて頂いたクライアントさんには大変恐縮なのですが、自分のＣＭが、です。

ただの記念応募で何かを期待していたわけではありません。が、初めての審査の場で多くのＣＭの中に紛れて自分のＣＭを見た印象が、面白いとか面白くないとか、良いとか悪いとかではなく、自分でも滅多に使わない、ひ弱、という言葉だったのに少々驚きました。

僕に子供はいませんが、運動会で自分の子供を見ると、たとえビリだったとしても、一生懸命走っている姿が可愛く見えると聞きます。

もし、可愛く見えないどころか、ひ弱に見えてしまったら、両親はどう思うのか。

まずは、可愛くなくてもいいから元気に見えて欲しい。

勉強なんてしなくていいから、とにかくたくさん食べさせて、いっぱい遊ばせることでしょう。

僕のＣＭもそう。

それなりに工夫したつもりで、一生懸命作ってはみた。

が、ひ弱。

どこか、狭い所で育った子のようでした。

そうこうするうち4日間の審査が終了しました。

最終審査で投票理由などを聞かれるのではないかとビビっていた僕でしたが、結果としては40人も審査員がいるだけに一人一人意見を求められることはなく投票だけで終わり、ことなきを得ることとなりました。

受賞作品はどれも一次審査から「これは残るな」と圧倒的な存在感を放っていたものばかり。

面白い! と僕にも分かる。

面白い理由も分かる。

が、自分でゼロからこれを作れそうな気は全くしない。

ひ弱、という言葉だけが胸に残ったのでした。

「面白い」とは「似ていないこと」

顔の小さい子と並んで写真を撮ると、自分の顔が大きく見えるからイヤだ。

ひ弱に見えたのは、ガタイのいい奴の隣で写真を撮ってしまったからかもしれない。

しかし、テレビを見ていて
「このCMひ弱だなあ」

と思うことはないですよね。

実際テレビでCMを見るとき視聴者が持つ感想は、極論すると二つしかありません。

「面白い」か「不快」。

では、面白くもなく不快でもないCMはどう思われているかと言うと、何も思われることはありません。

「今のCM面白くなかったなあ」とも「地味だなあ」とも、もちろん「ひ弱」なんて思われない。

無視、あるのみ。

映画や本などお金を払ったり、テレビ番組やネット動画などわざわざ時間を割いたりすると「面白くなかった」という感想を持ってもらえるのですが、残念ながらCMの場合はそこまで思ってもらえないものです。

CMを作っている同業者であっても、テレビを見ている時はせいぜい「普通だなあ」と思う程度。

「ひ弱」は、審査という特殊な場で自意識過剰になってしまったから出た言葉で、まあ僕の作品は「普通」だったわけです。

圧倒的に面白いものを作るのは無理にしても、せめて「普通」からは抜け出せないものかなあ。と、ぼんやり家でテレビを見ていた時のことです。

審査で見た、とあるＣＭが流れてきました。

なんとなく印象が違う。少しだけ良く見えた気もする。

審査会では緊張していたけど、自宅でリラックスして見ているせいかな。

が、ふと、審査会と自宅のテレビでは気分以外に違いがあったのを思い出したのでした。

審査会では業種ごとにまとめて審査していたな。

つまり飲料とか車とか金融とか、同じジャンルのＣＭを続けて見ていた。

些細なことですが、テレビでは同業種のスポンサーが同じ番組を提供することができないので、同じジャンルの商品のＣＭを続けて見ることは日常ありません。

前後に流れるＣＭが違う。隣に並んでる奴が違っていたのです。

審査では、ビールならビールのＣＭを続けて見ていました。

「普通だなあ」と思っている中に、時折「おっ、これは！」と目立つものがある。

全部見終えて、「ビールの中ではあれが良かったなあ」と投票していました。

当たり前ですが、ビールの中ではその作品が明らかに違った印象だったわけです。

違うものがある、そう見えていました。

しかし、車や携帯や金融等々と、業種ごとに見ているうちに思ったことがあった。

それは、業種の中で他と違って目立つ作品がある一方で、普通に見える作品はその業種ごとになんだか似ている、ということでした。

同じ業種だけで並べて見ると、似ている表現の多いことがくっきり分かったのです。

例えば飲み物だったら、役者は違えど大体出演者は若いタレントで、ちょっと凹む様子が描かれ、海などの気持ちのいい場所で飲んでいる。

描かれているシーンだけではなく、言葉もそうです。

携帯なら「繋がっている」とか、ファッションなら「恋」だとか、もちろん全く同じコピーは一つとしてないですが、同じような単語を使い、同じようなインサイト(人を動かす隠れた心理)を語っている。

当然それは業種ごとに違うものの、業種ごとに頻出(ひんしゅつ)のシーンや言葉がある。

同じジャンルの商品なら、ターゲットや伝えたいこともほぼ同じなわけで、似てくるのも仕方ありません。

また、シンクロニシティという言葉があるように、同じ時期に同じ日本で作られたものだから、意識せずとも世の中の流行りなどの影響で似たものになるのかもしれません。

しかし、並べて見ると、思った以上に似ている。

テレビで見ていると、洗剤のCMの次に車、そしてビール、といった感じで業種が変わっていくから気づきにくかったけれど、同じ業種で並べて見ると似ているものが多い。

作り手がわざと似たように作ったのだろうか。

そんなはずはないはずです。

それでも似ているということは、似ているものを作ろうとしたわけではなくても、放っておくと知らず知らずのうちに似てしまうもののように思えたのです。


普通に見えるもの同士は、なんだか似ている。

「普通」とは、「似ている」ということではないか。

一方で、面白くて目立っているもの同士を比べても、それぞれ個性的で共通点はない。

強いて挙げるとするなら、他と似ていないこと。

だから目立っている。

ということは、

「面白い」とは「似ていないこと」

ではないか。

で？

当たり前といえば当たり前か。

だからといってどうすればいいのか。また屁理屈を考えてしまったな。

当時の僕はそこで放っておいていました。

が、それから十数年たって、

「面白いって何なんすか!?」と逆ギレされてしまった。

あれ？

面白いものを作れないのは、面白くないものを作っていたというよりも、似ているものを作っていたから、と言えはしないだろうか。

そこに戻ってきたのです。

宇宙と引力

クリエイティブの答えは一つではない。

可能性は無限。

まるで宇宙のようです。

人と違って構わない。

自分らしく個性を発揮して自由に考えればいい。

無重力の空間を、どんな方向へもどこまででも飛んでいける。やはりクリエイティブとは宇宙なのです。

しかし、可能性は無限のはずなのに似た表現が生まれ易いのはなぜでしょう。

「宇宙は無限で無重力」という都合のいいイメージばかりを強調されて、我々は洗脳されているのではないでしょうか。

宇宙は無重力なだけではありません。

引力が働いているのです。

我々の脳は無重力で自由に考えてるように錯覚していますが、実は目に見えない引力に引っ張られていると考えた方が現状を証明できはしないでしょうか。

自由に考えているつもりでも、見たものや読んだものに引っ張られている。だから似てしまう。

「面白い」や「目立つ」には基準がないから、頭のどこかが過去に見た何かの引力に引っ張られて、それに似てくると無意識に安心するのかもしれない。

むしろ、脳は不自由なもので、引力によって似たことを考えがちである、と思っておいた方がいいのかもしれません。

その証拠と言ってはなんですが、一見自由に見える宇宙、しかしよく見ると自由どころか、地球は太陽の周りを、月は地球の周りを、グルグルグルグル同じ所を回るばかりで一歩も進んでいません。

恐ろしいことに、まるでフリーズした僕らの頭のようではないでしょうか。

冗談はさておき。

しかし、そういう目で見ると、実際に似ている表現が多いのに気づくものです。

言葉だけでなく、企画の手法もそうです。

最近で言うと、漫画やアニメのキャラクターを俳優が演じる実写版のようなCMや、若いタレントが少し前のエモいヒット曲を歌うCMなど、手法的には同じものを見たりしないでしょうか。

誤解のないよう記しておきますと、これは何かを揶揄(やゆ)してるわけでも、ましてや悪い例というわけでもありません。

似ている、というより、結果として似てくる。ブームのようなものが生まれやすいと思うのです。

似てくるという意味では、出演者もそうです。

「CMの女王」という言葉がありますよね。

この一年間に最もCMに出演したタレントは十数社と契約した誰それ、と人気のバロメーターとして語られるアレです。

確かにその数字は人気の証拠、誰も知らないタレントさんより人気の人を起用したい。露出の多いタレントさんを起用することでメジャー感が獲得できます。

しかし、初登場した時に感じる新鮮さは、後になればなるほど薄れてきますよね。

新鮮さだけでなく、タレントにせよ手法にせよ後になればなるほど似ていないものにするための余計な工夫が必要になり、企画を考えることが難しくなる。

それでもわざわざ既に十数社に出演しているそのタレントさんにこだわる理由は何なのでしょう。

理由は十数社と契約している事実そのもので、人気という引力に引っ張られているのではないでしょうか。

やはり、言葉にせよ企画にせよタレントにせよ、過去に見た何かの引力に引っ張られ、それに似てくることで無意識に安心しているように思うのです。

クリエイティブは自由、答えは一つではない。

正解なんてない、自分らしく考えればいい。

すると、正解がないから、自由に、前例に倣ってしまう。

もし自分に、気をつけさえすれば直せる点があるとしたら、そこかもしれないと思ったわけです。

「似ていること」にルーズな人

「面白い」とは「似ていないこと」と言っても、何をそんな当たり前のことを、と思われたかもしれません。

友達が着ている服を見てカッコいいと思い、同じ服を買ってみた。

俺もカッコ良くなったぞ。

お揃いだ、イエーイ。

いや、イエーイじゃないな、同じに見えるのは恥ずかしいから着こなしで差をつけよう。

着こなしで差をつけられるセンスを持っていればいいけれど、そもそもオシャレな人はわざわざ同じ服を選ばない気がする。

ファッションでたとえると、自分はそんなダサいことはしねーよ、と思いますよね。

誰だって個性・オリジナリティが大事なことくらい当然知っているわけです。

しかし、もし「面白い」とは「似ていないこと」という仮説が正しいとしたら、面白いことを考えられない人の特徴はこう言えることになります。

「似ていること」にルーズな人。

そう言い換えると、ピンと来はしないでしょうか。

打ち合わせを見ていると、たまに「似ていること」にルーズな人がいるのです。

持ってくる企画が、どれも何かに似ている感じ。

恐る恐る、

「ちょっとアレに似てないかなあ」

と言っても、

「いや、僕的には似てないと思いますけどね」

と返ってきたりする。

もちろん全く同じではないし、悪気がないのも分かるのですが、本人が工夫した部分・違う部分があまり効いていなくて、全体として「似ている」という印象になっている。

元のアレがいくら面白くても、そして元のアレを真似したわけではなくても、似ていると思われた時点で、ただの二番煎じ三番煎じに見えてしまう。

しかし、「似ている・似ていない」は平行線を辿りがち。

本人にしてもオリジナリティが大切なことくらい当たり前として考えたつもりだし、最近はオマージュやマッシュアップ、インスパイアといった言葉もよく耳にします。表現におけるオリジナルの感覚が人によって違ってきていることも一因かもしれません。

しかし、僕も含めてなのですが、オリジナリティが大切だと分かっていても、具体的にどう大切にしているかと考えると、デフォルトで大切だとインプットされているだけで、特に何もしていなくはないでしょうか。

オリジナリティを発揮するぞ！　という、威勢がいいだけの掛け声にすぎない。

「面白い」とは「似ていないこと」。

「オリジナリティを発揮するぞ！」とほぼ同じ意味ですが、「似ていないこと」と言い換えることで、具体的にやるべきことがハッキリしてはこないでしょうか。

オリジナリティとは「発揮する」ものではなく、「似ている」ものを排除することだと思ったのです。

また、最近の打ち合わせでは、「海外にこんな事例がありまして」とか「ネットではこれが流行っていて」と話し始める人が多い。

しかも別件の打ち合わせに行っても、他の人から同じ事例の話を聞くことがよくある。

世の中の情報量が多くなり、多様性が増えると思いきや、実際は「俺はこれを知ってるよ」と流行っていることを語りたがる人が増えた印象はないでしょうか。

「面白い・面白くない」を自分で判断するのは難しいから、つい事例で語りたくなるのかもしれません。

だとしたら、事例に頼るよりも、自分で判断できるレベルの基準を持つ方が得策なはずです。

「似ている・似ていない」の判断なら誰にでもできそう。

スイカの種を取るように、ルーズにならずコツコツと「似ている」を排除していけば、誰でもいつかは、誰にも似ていないもの、を作れるのではないか。

簡単すぎて当たり前のようですが、誰にも似ていないもの、というゴールは間違ってないですよね。

人が何かを「当たり前のこと」と無視する時は、本能的に、それを「真実」として向き合うと面倒なことをするハメになるぞ、と心が逃げているのかもしれません。

きっとみんな「コツコツと」という言葉が嫌いなのだと思うんです。

「コッコツ」は嫌い、「コツ」が好き。だってクリエイティブは閃くものだから。

しかし閃こうとしてもグルグル回るばかりになり、結局効率が悪いのです。僕の30年の経験からこれだけは言い切れる。

随分前に書いたことですが、僕が投資セミナーで「粛々と」という言葉がツボに入ってしまったのは、「コツコツと」を「粛々と」に言い換えることで、「コツコツ」がカッコよく見えたからではないかなあ。ここに来てそう思ったのでした。

第5章

「考え方」より「選び方」

「俺もこういうこと考えたことあったんだけどなぁ……」現象

話を振り出しに戻しますと、広告学校で講師をすることになった40歳の僕が、20代の生徒から「面白いって何なんすか!?」と逆ギレされてしまった。うまく取り繕おうとしたものの、生徒を納得させる言葉は出てこず、挙げ句の果てに「他の先生には面白いって言ってもらえたんですけど」と嫌みを言われる始末。それもそのはず、僕はここ10年以上鳴かず飛ばずで、生徒に尊敬されるようなCMを作れていなかった。一応CMプランナーとして20年やってきたのに、なんなら生徒たちが生まれた時からプロとしてやっているわけなのに、「一体俺は今まで何をしてきたんだろう……」。すると、過去を振り返っているうちに、自分なりのやり方を取り戻していき……。面白いとは何か、クリエイティブとは何か。50を前にした独身の男が、講師として、現役CMプランナーとして、そして人として成長し、生徒と分かり合うまでの自伝的ストーリー(?)でした。

その、「過去を振り返って、自分なりのやり方を取り戻していく」という部分が終わったわけですが、まとめると、

・「speed!」のコピーと出会って、「面白い」は考え方だけでたどり着けるものではない、偶然「単語」を見つけるしかない、と思ったこと。
・グループインタビューを経験して、「面白い」の対義語は「よく分からない」だと思ったこと。
・広告賞の審査で、「面白い」とは「似ていないこと」と思ったこと。

その３つ。
並べ替えると、良い企画や文章を書くために大事なことは、

・分かりやすいこと
・似ていないこと
・偶然そんな単語を見つけること

と、なります。

ここまで引っ張っておいてこれかよ！　しかも言うに事欠いて「偶然見つけること」ってなんだよ！

と、ゲンナリなさったことでしょう。

しかし、僕の経験から言うと、「偶然だ」という前提でやれることを考えたほうがいいと思うのです。

「必然だ」と考えると前例に根拠を探して似てしまう。

仕事をしていても、ある程度は計算通り進むものの、やっぱ最後は運だなぁ、と思ったりしませんか？

今までにない新しいアイデアが、ある考え方に沿って考えれば確実に出るなんて、論理的におかしい。

今までにない新しいアイデアならば、偶然、と言った方がむしろ論理的に思えてくる。

ではどうすれば偶然を掴まえられるのかとなるわけですが。

論理的に偶然を見つける方法を考えること自体、偶然を遠ざけているような気もしますよね。

そこを見つけられるのが、所謂才能というやつなのでしょうか……。

ならばここで、非論理的に考えてみましょう。

うまくいかない毎日の中で、こんな経験はないでしょうか。


とある仕事。

一生懸命考えてみたもののどうもピンと来るアイデアが出ない、または言葉が見つからない。

けれど締め切りになってしまい、あり合わせのものでプレゼンし、とりあえず企画が決定し、消化不良ではあるけれども実制作して世の中に出した。

と、その数週間後か、数ヶ月後か、数年後。

不意に、

「あ！ あの時のアレ、こうすれば良かったんじゃん！」

と気づくことがないでしょうか。

しかもその気づいたことは、そんなに難しいことではなく、あれからの時間の中で新しく知ったものでもなく、

「どうしてあの時気がつかなかったんだろう……」

と思う些細なことであることが。

または、もっと虫のいいことに、こんなこともないでしょうか。

ある日、映画か本かCMかコピーかを見て、

「あ！」

と思う。

それは面白くて目立っている。

とその時、

「あ〜、こういうこと俺も考えたことあったのになぁ」

と思うことが。

まあそんな時のほとんどは、昔その断片をふと考えたことがあるだけで、その作品からは程遠いものだったはずでしょう。または、自分の好みにあまりに合っていたから自分も考えていた気になっただけで、実際には考えたことなどなかったのかもしれません。

しかし、本当に同じようなことを考えていたのに！　と悔しく思うこともありませんか？　考えていたどころか、実際に書いていたりして、ちょっとこれ見てよ、俺も考えていたんだよ！　と言いたくなったり。

それどころか、誰かに提案したけれど何らかの事情で採用されずお蔵入りしていたとしたら、悔しくてしょうがないですよね。


後になって、ふと正解らしきもの、に気づくこと。

何かを見て、自分も考えていたのに、と思うこと。


どうしてその時に気づいて、カタチにしなかったのだろう。

どうしてなのでしょう？


気づかなかったのは、しょうがない。

誰だって、いくら気をつけていたって、うっかり忘れ物をすることはある。

しかし、自分も考えていたのに、とはっきり覚えている時は、自分でそれを捨てた、選ばなかった、ということになります。

それを深掘りしても大したものにはならないだろう、と自分で見切っていたわけです。

そして、他を選んでしまった、ということになります。

もし、あの時、あっちを選んでいたら……。

そんな後悔を大切にしてみてはどうでしょうか。

「こういうこと俺も考えたことあったのになぁ」と気づくのは、当然ながら世の中に出た何かを見た時ですよね。

ということは、まだ世の中に出ていないから気づけていないだけで、他にも過去に自分が考えたことの中にはこの先誰かが実現すると、あ〜、こういうこと俺も……と再び悔しく思うアイデアがあるかもしれません。

あるかもしれません、というよりは、きっとある。

だって、ないとすれば、今後の人生で二度と「俺も考えたことあったのになぁ」と思うことはないということになる。

きっとありそうですよね。

ということは、やっぱり自分の中に気づいていないアイデアが必ずあるのです。

自分の考えたものの中に面白くなるヒントがあるのなら、それだけは見落とさないようにしたい、と考えてみる。

現実的な「偶然の掴まえ方」とは、こういうことではないでしょうか。

ウルトラスーパーなアイデアがどこにあるかは誰にも分かりません。今まで探しても見つからなかったのだから、将来的にも見つかる確率が低い。

が、一度でも「こういうこと俺も～」ということがあったとしたら、かつて確実にあなたの頭の中に存在していたわけです。

その時自分で選べなかったことを、選べるようになればいい。

それは僕の頭の中にも、生徒さんの頭の中にも、きっとある。

それは、生徒さんのノートの中に、ひっそり書いてあるはず。

他と似ていない単語が、きっと書いてある。

それをズバリと選べれば、カッコいい先輩になれるだろう。

もしも一つもなかったら、それは生徒のせいだろう。

選び方、を変えてみよう。

広告学校の講師を始めて数年、ようやく自信を持って生徒さんと向き合える気がしてきたのでした。

広告学校ストーリー1

困っているのは「選び方」

生徒「面白いって何なんすか!?」
僕「……」

今まで、生徒、と書いてきましたが、僕が講師をしていた広告学校（宣伝会議さんのコピーライター養成講座）の生徒さんは生徒といえども歳は20代後半から30代前半で、既にコピーライターとして仕事をしている人が大半でした。

つまり、30歳。

僕もそうだったように、自分の現状に苛立っている反抗期の奴ら、しかもプロ。

その上、この講座にはそんな奴らをさらに熱くするイベントが用意されていました。

卒業制作として、最終回には生徒全員がポスター案を発表することになっていたのです。

しかも、ただの卒制ではありません。

東急ハンズ渋谷店さんのご協力で、一位の生徒は実際にポスターを制作して、渋谷店さんに掲出できるオマケつきだったのです。

実際に掲出されるわけなので、自分の作品としてポートフォリオに載せることができる。

しかもクライアントはみんな知ってる東急ハンズさん。

メジャークライアントのコピーを書けるチャンスに誰もが必死、課題発表から最終日までの一ヶ月半は、何度も何度もコピーを書いては見せに来るのが通例となっていました。

おいおい、ただの卒業制作だろ。そうマジになんなよ。

とは言えない不穏な雰囲気。

課題は「東急ハンズの新生活」。

3月から5月にかけての春キャンペーンのポスター。

逆ギレされるのは大体この卒制時期だったわけです。

しかしその年、ついに僕は、こう切り返してみました。

生徒　「面白いって何なんすか!?」
僕　「知りたい？」
生徒　「え？」

僕　「信じるも信じないも君次第なんだけどさ」
生徒「？」
僕　「「面白い」って「似ていない」ってことだと思うんだよ」
生徒「はあ……」
僕　「何？」
生徒「そりゃそうだと思うというか……。俺も人と違うこと考えてるつもりなんすけどね」

一瞬期待したけどやっぱり損したという感じ。生徒さんの反応は限りなく薄かった。
「似ていない」なんて当たり前、原則論ではぐらかされたと感じたのでしょう。
しかし、話をしていたのは講義の直後。講義では40人の生徒全員に自分のコピーを発表してもらっていたのですが、その時は好都合なことに、その生徒さんのコピーと似たものを他に何人も書いてきていたのを見た後でした。

僕　「でもさ、今日の講義見てどう思った？」
生徒「やっぱ、みんなも同じようなこと考えてるんだなあ、と」
僕　「だろ。君の書いたコピーも悪くなかったんだけど、ザックリ並べてみると、なんか似て見えただろ？」

生徒「はい……」

講義では、出席番号順などではなく、考え方・切り口でグループ分けし僕が付けた順番で発表してもらっていました。

まずは同じ切り口の似たもの同士を比べ、一つ一つの工夫の差を細かく見ていきます。しかし、同じ切り口グループの中ではそれぞれのコピーに差があるように見えても、別の切り口と比べると、ほぼ同じものに見えてくる。

僕が広告賞の審査で感じたことを、生徒さんにも感じてもらうことを目的としていました。残酷ですが、敢えて似たもの同士を比べることで、自分の考えたことが普通に見えるのか目立っているのかがハッキリ分かる。工夫したつもりでも、全体で見るとほんの微差にしかなっていないことが分かってくる。

そして僕は必ずこう聞くようにしていました。

僕「君のことだからたくさん考えただろうに、なんであのコピーを選んで出したの？」

生徒「自分の書いた中ではこれかなあと思って」

僕　「一番好きだったってこと?」
生徒「いえ、好きとかじゃないんですけど」

と、考えた道筋や選んだ理由を話してくれるのですが、どんな生徒さんも大体最後はこう言うのです。

生徒「ていうか、どれを選べば良いのか分かんないんですよね」

詰まるところ、自分で選べない、選ぶ基準が分からない。

「選び方」が分からず困っている人が多いのではないでしょうか。

後で説明しますが、生徒さんを見ていると「うまく説明できないんですけど、なんか好きなんですよね」と選ぶ人の方が、その後良いコピーを書くことが多いです。

好きということは少なくともその本人にとっては魅力があり、その理由を考えていくうちに別の良い言葉を見つけられる可能性がある。

しかしこの生徒さんのように、特に好きというわけでもなく考え方で説明を始める時は、選ぶ基準が分からないから世の中で目にする言葉や表現を見て、なんとなくこんな感じかなあ、という選び方をしていることが多いのです。

自分なりに考えたのに、世間の目を気にして選んだ、という感じ。

結果、なんとなく見たことのある言葉を選ぶことになり、似てしまうことになる。

ある程度考えられ、それなりに書けるようになった次にぶち当たる壁が、この「選び方」。

若手と中堅の差は「選び方」を持っているかどうかのように思う。

僕　「ちなみに、みんなのコピーを見て良いなと思ったのはどれだった?」

生徒　「やっぱ先生も褒めてましたけど、アレですかねえ。ああいう考え方もあるんだなあと勉強になりました」

僕が褒めたかどうかに限らず、生徒さんが挙げてくるコピーは大体自分にはなかった「考え方」「切り口」「コンセプト」を持ったもの。

自分の書いたものは「どれが良いのか分かんない」だったのに、他人の書いたものはスパッと選べるのです。

しかも自分が書いたものと似ていないものを選んでる。

これからは自分のコピーも、似ていない、を基準に選ぼうよ。

みんなと似た「考え方」で小さな工夫をしても無駄で、大元の「考え方」が違わないと印象は大きく変わらない。

講義を見て、まずはそう感じてもらえれば、それでいい。

しかし、このすぐ先に危ないポイントが待っているのでした。

ちなみにまた余談ですが、みんなのコピーを見て「申し訳ないすけど、自分にはどれもピンと来なかったすね」と、ひねたことを言う生徒さんもたまにいました。が、それはそれで見所があるのです。人とは違う意志を持っているので、それを分かりやすい言葉にできれば強いコピーになる可能性がある。が、これについても後述。

広告学校ストーリー２

「あーでもない、こーでもない」の秘密

その後、往々にして会話はこう続きます。

僕　「そうなんだよ。あのコピー良いだろ。分かってんじゃん。「考え方」からして似てないから目立ってるんだよな」

生徒　「ですよね！　先生が「面白いとは似ていないこと」って言ったのは、あのコピーみたいに「考え方」が違うのを考えるってことですね！」

危ないのは、ここ、正にここ。

こんな感じでなぜか話がまとまりかけてしまうのです。

だって、分かったような気になってるけど、じゃあ「人と違う考え方」ってどうやったら考えつくんだよ、って話です。

家に帰ったら、「で、どうするんだっけ？」となるのがオチ。

人はなぜか成功例と共にその「考え方」を持ち出すと、分かった、と思ってしまう生き物なのです。

それはやっぱりクリエイティブというキラキラワードのせいだと思うんですよね。

頭には身体と違って自由で無限の可能性があると洗脳されているから、分かったら、できる、と勘違いしてしまう。

もしあなたが野球少年で、「松井秀喜のホームランの打ち方」という本を読み終わったとして、「分かった、打てる！」とは思わないですよね。

もちろんそれで打てればいいです、打てれば。

が、「うーん、分かったけど、やってみないと分かんないなあ」が、正直なところではないでしょうか。

頭も身体の一部、「人と違う考え方」なんてホームランのようなものなのです。

僕の講師としての任務は、ここで「その意気でもう一週間頑張ってみよう」とは言わないこと。誠実に心を鬼にして、この分かったムードに釘を刺すことなわけです。

僕　「そうなんだよ。「考え方」が大事なんだよ。で・す・が、別にそんなこと前から知ってただろう。何よりさ、同じ先週一週間考えたのに、あいつは思いついたけど、君はそんな「人と違う考え方」なんて思いつかなかったわけじゃん」

生徒　「……」

僕　「そういう顔すんなよ。君には無理って言ってるわけじゃなくてさ、今なんとなく、分かった・できそうって雰囲気になったけど、もう一週間考えたら新しい「考え方」が見つかる保証なんてないと思うんだよ。もちろん見つけられればいいんだけどさ、今日アレを見ちゃったってことは、新しい考え方が一つ減ったとも言えるじゃん、先週からすると状況は難しくなってるわけよ。そもそもどうやったら見つかるか、分かんなくない？」

「考え方（＝コンセプト）」は、正論。
誤解して欲しくないのですが、「考え方」は大事じゃないと言っているわけではありません。
「考え方」が新しければ、文章の書き方が多少マズかったとしても、ビクともせず目立つはずです。

今日あのコピーを見たことがヒントになって、いつか他の商品のコピーを考える時、「あの考え方をこの商品に当てはめたらどうなるだろう」と応用できればいい。

しかし、「人と違う考え方」を見つけるヒントはゼロです。

M－1グランプリでコーンフレークネタを見て、コーンフレークのように斬新だけどコーンフレークとは違う芸風を作ろうとするのと一緒。

なので、まずは単純に「似ていないものを選ぼう・選び方だけ変えてみよう」と言いたいわけですが、なぜか放っておくと「考え方」という難しいところに戻ってしまう。

そうなるとまた一週間グルグル回るだけなのです。

生徒「じゃあ、どうすればいいんすか!?」

僕「そこで提案なんだけどさ。今日君が出したコピーは、他の人とかぶっていたわけじゃん。選び方を変えて、次回は絶対かぶらないことだけを目標にしてみようよ」

生徒「?」

僕「つまりはさ、とりあえずコピーを考えて行き詰まったら冷静に見直して、今日他の人が出してたコピーとちょっとでも似ているなと思ったら消して、残ったものからもう一度考えるようにしよう」

生徒「はあ……」

僕「分かりにくかったかな？」

生徒「はい。ちょっと」

僕「今日みんなの書いたコピー持ってるよね。単純に比べてみて、同じ単語を使ってたらそのコピーは捨てるとかさ。似てるなと思ったものを排除すればいいんだよ、きびし目に。ヒントがあるとすれば、その残ったものの中にあるはずだと思うんだよ」

生徒「似てなけりゃいいんですか？」

僕「そう、まずは。そういう意味では今日出さなかったものの中にあるかもしれないな。ちょっとノート見せてみ」

と、生徒さんのノートを見ると、小さい文字でたくさんのコピーが書いてある。40行のノートが10ページほど埋まっているから、400くらいは書いたのでしょう。よく頑張ってる。

その中には今日発表したコピーも当然書いてあり、丸がつけられたりしている。

その前後には、そのコピーを言い換えたような似たコピーが並んでいたりする。

僕　「この辺、似てるの多いなあ。自分の書いたコピーの中でも似てるなあと思ったら、一括削除した方がいいかもしれないな。自分のノートの中ですら似てるのが多かったら、きっと他の人も書いてそうだから」

生徒「似てちゃ、ダメなんすか？」

似ていては絶対ダメな訳ではありません。同じ考え方でも同じ単語でも表現でジャンプすることはある。

しかしここでは言い切るしかない。

僕　「ダメ、絶対」

ただでさえ頭は引力に引っ張られて結局はどこか似てくるものなので、最初から緩めてはいけないのです。

僕　「だってさ、ゴールから考えてみようよ。この卒制って理想的には40人の中で一番になってポスターを作ることじゃん。まあ確率的には2・5％だから無理だとは思うんだけどさ。でも、もし一番になることがあるとしたら、そのコピーは、他に似たものも多かったけど書き方のテクニックがうまくて選ばれました、って感じはしないだろう。他と全然違って見えるもののはずだよな?」

生徒「まあ、そうっすね」

僕「似てないものをいきなり思いつければいいんだけど、いきなりは難しいと思うから、まずは似ているものを省いていくって考えてみてはどうかなあと思うわけよ。それならできるだろ。だって似てるかどうかは見ればわかるんだから」

生徒「似てなければ勝てるんですかねえ」

僕「君さあ、今日あんなコピー出しといて生意気言うねえ。ぶっちゃけ俺もギャンブルだとは思ってんだけどさ、一位になれるとしたらそれしか方法を思いつかないんだよ。なんか君見てると俺と似てる気がするんだよな。いきなり閃くタイプじゃないと思うんだよ俺たち。「あーでもない、こーでもない」って悩むタチじゃん。あ、そうそう。考えてる時のことを「あーでもない、こーでもない」って表現するけどさ、あれでもない・これでもない、ってことだよね。排除を意味してるよな。俺最近、考えることの本質って、いきなり閃くとかじゃなくて、たくさん考えた中から違うものを省いていくことじゃないかなあって思うんだよ。そう思わない?」

生徒さんは、また屁理屈言って、という顔をしていました。

確かにその時思いついた屁理屈を言っただけ。

しかし、この「あーでもない、こーでもない」。

それから時が経つにつれ、まんざらでもなく本当に真実かもしれない、と思うようになるのでした。

広告学校ストーリー 3

「違う」と「似ていない」の違い

課題は「東急ハンズの新生活」。

次の講座の日、生徒さんが考えてきたのは、こんなポスターでした。

雨の中コンビニ袋を頭にかぶってバイクに乗っている東南アジアの人の写真に、

「この春私は新商品」

とのコピー。

かぶっているコンビニ袋に矢印して東急ハンズのロゴが入っている。

ありふれたものでも工夫して使うことで新しい生活を楽しもう。というメッセージなのでしょう。写真の許諾の都合でお見せできないのが大変残念なポスターです。

どうしようもねーなあ……。

事前提出されたこのポスター案を見て、気が重くなりました。

これをみんなの前で発表するとかなり寒いことになるだろうな、本人は辛い目に遭うことだろう。

が、本人の心配をしているわけではありません。

気が重いのは、思いっきりスベった講義の後、その生徒さんのフォローをするのも講師の役目だということです。

そもそも、僕も含めてこの仕事をしている人は、褒められて育つタイプが多いのではないでしょうか。

しかも本人は一応プロのコピーライター、プライドもある。

僕は気を遣うのが下手なので、逆撫でをしてしまいがち。今日はちゃんと撫でられるかなあと思うと気が重い。

それに、今回こうなってしまった原因に心当たりもある。

予想通り講義でこのポスターを見た他の生徒さんは苦笑い。

卒業制作発表の日も近づき、講義後は何人も生徒が質問にくる。気を遣ったのでしょう、その生徒さんは最後にやってきました。

僕　「派手にやっちまったなあ」

生徒「はい……」

僕　「……」

生徒「……」

僕　「でもまあ、まだ時間あるし、一緒に頑張ろうよ」

　すると、

生徒「先生が、人と違うことを考えろ、て仰ったんで、頑張ってみたんですけどね……」

　と、チクリ。

僕　「俺のせいだと言いたいのか！！！」

生徒　「す、すみません、そういう意味じゃないんすけど……」

僕　「うそうそ、怒ってない怒ってない。俺もこのポスター見て、俺のせいだなあって思ったんだよね。でも、君ちょっと誤解してないか？」

僕が伝えたつもりだったことは、「似ていないものを選ぼう」だったのですが、彼には「人と違うことを考える」と受け止められてしまっていたわけです。

「人と違う」と「似ていない」、これはほぼ同じ意味なのですが、僕の中では、取るべき行動が全く違ってくるので、敢えて言葉を分けていました。

分かりにくいので具体的に説明しますと、人と違うものを考えようとすると、とにかく違いを出さなければいけないと無理やりひねり出そうとしてしまうので、この生徒さんのポスターのように、違うもの、ではなく、変なもの、になってしまいがちなのです。

僕は散々それで失敗してきました。

無理をしている印象になるから、寒くなる。

面白いとは変なこと、ではないのです。

結果として人と違えばいいだけで、無理に違うものを考えようとする必要はない。

似ていなければ、それでいい。

似ていないものを無理に考える必要もない。

無理に考えてもスベるだけだから。

素直に考えたものの中から、似ているものを省くだけでいい。面白いとは違うこと、とは言わず、面白いとは似ていないこと、としたのは、そういう意図でした。

が、生徒さんの頭の中では、似ていない、が、違う、に変換されていたわけです。

面白いとは似ているものを省くこと、と言えば良かった。

僕「確かにこのポスターは、人と違うことにはなってると思うけどさ、これ、違う、っていうより、変、だよね」
生徒「はい……」
僕「さあ新生活だ、と思ってお店に来るお客さんから見ると、変人になろう、ってメッセージに見えちゃうと思うんだよ。それって気分が違うだろう」
生徒「はあ……」
僕「ファッションでもさ、無理してる感じの人ってダサく見えるじゃん。他人とは似ていないけど、その人には似合ってる、ていうのがおしゃれな人だと思うわけ。ちょっと分かりにくいたとえだったかな」

生徒　「ハイ」

このポスターの場合、他と似ていないものにはなったけど、東急ハンズに似合っていなかった、と伝えたかったわけです。

それは無理に変なことを考えたから。

素直に考えた東急ハンズに似合っているものの中から、他と似ていないものを選べばいい。が、そのニュアンスを伝えるのが難しく、僕もこの時点ではもどかしく思っていました。

おしゃれな人を見て、「他人と似ていないね」と感想を言う人はいません。「似合ってるね、いいね」となる。

が、ただ似合ってるだけではなく、さりげなく他人と似ていないことが、おしゃれを作っていると思うのです。

その他人と似ていないことがさりげなくなくなると、「変」になる。

僕　「ともかく、無理せず素直に考えて、その中から似ていないものを探してみよう」

生徒　「はい。素直に考えてみます……」

僕　「今日のところは、打ち合わせに爪痕を残せた、ってことで良しとしようよ。印象に残らないよりは良かったじゃん」

生徒「はい……」

とは言ったものの、素直に考える、これ簡単なようで難しいですよね。

卒業制作は5枚のポスターシリーズとなっていました。

つまり、コピーは最低でも5本が必要。

締め切りが迫るにつれて焦るものです。クラスの中に「ほぼ終わったよ」という人が出てくると尚更のこと。

明日プレゼン、まだできてない。助けて！

焦れば焦るほどグルグル回るばかり。

残念ながら、まず助かることはないのです。

広告学校ストーリー４

CREATIVEの呪い

生徒「ちなみに、みんなの進み具合はどうですか？」
僕「聞かない方がいいと思うよ」
生徒「てことは、みんなは進んでるってことですね」
僕「でも終わった奴はいないよ。一番進んでる奴でも５本中３本決まったってとこかな」
生徒「……まだ何も決まってないのは僕だけですか」
僕「いや、安心しろ、もう一人いる。君は一人じゃない」
生徒「そうですか……」
僕「まあ、そう深刻になるな。焦ると余計頭固くなるから。気楽に行こう気楽に。所詮広告学校じゃん、できなかったら最終日風邪ひいたことにして休めばいいじゃないか」
生徒「そんな……」
僕「まあ、大丈夫。何かしらプレゼンできるよ。終わらないプレゼンなんてないんだよ」

生徒　「頑張ります」

とは言ったものの、間に合うのかなあ……。

発表まで一週間を切った月曜日の、生徒さんとの電話です。

土日に考えたコピーをメールで送ってきたのですが、まだ取っ掛かりが見つかりませんでした。

実のところ、5本のコピーを書くのは難しくありません。

一日一本書けば5日で書ける、十分間に合う。

が、40人の中で一位になるコピーを書けるかというと話は別ですよね。

名誉のために言っておきますと、この生徒さんは、絶対に一位を取ってポスターを掲出するぞ、とモチベーションが高かったのです。

僕も同業だから分かるのですが、東急ハンズさんのような有名なクライアントのポスターを作らせてもらえるチャンスなんて滅多にありません。

僕　「このコピー悪くないんじゃないか?」

生徒　「そうですか!　これで勝負できますかね!」

僕　「うーん、そう聞かれると、うんとは言えないかなあ……」
生徒　「そうですか……」

モチベーションが高いほど、簡単にＯＫが出せなくなる。

また、5本のポスターシリーズというのも難しくしていました。

5本のシリーズとなると、大きなテーマを決めて、そのバリエーションを考えていくのが早い。が、焦れば焦るほど頭は狭い所に入り込んでしまうもので、出てくるコピーは小難しいものになっていき、バリエーションを作りづらいものばかりになる。

そして、正直僕もよくわからなくなっていました。

講師として他の生徒さんのコピーも見ているため、他の生徒さんのテーマが決まってくると、言葉がかぶってしまってはいけないので段々アドバイスがしにくくなってくる。そして、他の生徒さんのを含めたくさんコピーを見ているだけに、その生徒さんが出してくるコピーのどれを見ても、どこか誰かの出したものと似ているように思えてくる。

「似ている」時点で、面白くない。

一方で、「似ていない」からといって、一位になれる保証もない。

「面白いとは似ていないこと」と考えれば、グルグル回ることなく、誰でも簡単にアイデアの種を見つけることができるのではないかと思っていたのですが、この生徒さんにはかれこれもうひと月以上もこの課題を考え続けさせることになっているわけです。

生徒　「今晩考えるんで、明日また見てもらってもいいですか」
僕　「当たり前じゃん、遠慮すんなよ」

とはいえ、さすがにひと月考えて出なかったら、もう出ないだろうなあ。

そして僕ももうヒントはあげられないだろうなあ。

それでもこの生徒さんはきっとギリギリまで頑張るのだろう。

そう思うと、何だか申し訳ない気持ちでいっぱいになりました。


それにしても、です。

クリエイティブは自由などと言うのに、どうしてこんなに辛い気持ちになるのか。

今まで何度も書いてきましたが、もう一度だけディスらせて下さい。というのも、僕のコピーライター人生の中で最もクリエイティブの恐ろしさを感じたのはこの時だったからです。


（恐怖の瞬間まであと22行）

偶然向き合った、この「東急ハンズの新生活」という課題。冷静に考えると、この課題、日本で広告コピーを考える上では最も自由な課題のはずなのです。

だって、釘やネジから仮装グッズまで、何でもあるお店です。トイレの修理からパーティから発明まで可能性は無限。常識に囚われる必要がない。

何をメッセージしたって似合うはず。

JUST DO IT. 東急ハンズ
Think different. 東急ハンズ
IMPOSSIBLE IS NOTHING. 東急ハンズ

ほら、nikeやadidasの名作コピー、全部似合う。

しかも課題は「新生活」。

何を始めたっていいはずです。

別に進学や就職だけでなく、退職後や離婚後の新生活だっていいし、特に人生の節目でなくても、４月だし、誰が何を始めたっていい。

なのにどうしてこんなに難しいのだろうか……。

生徒さんとの電話を終え、僕はぼんやりとポスター案を眺めていました。東急ハンズの緑色のロゴマークが右下隅に小さくレイアウトされている。手のようなマークに挟まれた「TOKYU HANDS」の英文字。

「ん？」

（恐怖の瞬間まであと3行）

よく見ると、「TOKYU HANDS」の上に何かスローガンのようなものが書いてある。

それはCで始まる8文字のあの言葉。

「なになに、C・R・E・A……ク、クリエイティブが、こんな所に！」

みなさんお分かり頂けたであろうか。

「CREATIVE LIFE STORE」

東急ハンズさんのロゴマークをよく見ると、万能の自由を讃えるがごとくあの言葉が崇高に掲げられていたのです。

すみません、特に怖くはなかったですかね。

が、最も自由度の高いテーマのはずなのに手も足も出ない。アイデアが一案も出ないのに、そこには「CREATIVE」と書かれてある。

まるで、「CREATIVE」という言葉を見ると、逆にクリエイティビティを発揮できない呪いがかけられているようじゃありませんか、マジで。やたらと「クリエイティブ」と口にする人ほど、そうではなくなってしまう呪文のようだ……。

「NO〜〜〜〜〜〜〜！」

僕がこの眩しい言葉に背を向け、ダークサイドへ落ちていくキッカケとなったエピソード１なわけです。

が、そんなことなど関係なく、卒制プレゼンまであと5日。

「疲れたなあ……」

僕がその時できることといえば、生徒さんがそれまでに書いたコピーを今一度粛々と見直すことだけでした。

広告学校ストーリー　5

そこにしかなかった「単語」

ところで、その生徒さんがどうなったかというと、また一晩コピーを考え、翌日にメールでコピーを送ってきて電話で話すことになりました。

発表は週末、さすがにもうポスターを作り始めなければ間に合いません。

僕　「よく頑張ってんなあ」

彼はプロのコピーライター、もちろん平日は仕事をしています。

そんな中で広告学校に通い、こうしてギリギリまで卒業制作を粘って考えているわけです。

生徒「はあ。（送ったコピー）どうでしょうか？」

僕　「うん。見たんだけどさ……」

生徒「ダメですか……」

僕　「でもさ、もう発表は土曜じゃん。今現実的に俺たちができることは、今まで考えたコピーから選ぶことしかないと思うんだよ」

生徒「そうですよねえ……」

明日プレゼン、でもまだできてないという時、僕らができることは今までノートに書いたものの中から選ぶことだけ。

僕 「そういう目で見直してみたんだけどさ」

と、僕はいくつかのコピーをピックアップして、生徒さんにそれを書いた理由を聞いていきました。

コピー自体は平凡でしたが、その理由の中に何かヒントを発見できないかと思ったからです。が、特に何も見つかりませんでした。

しかし、それでも良かった。

もしもっと良い何かが見つかればいいなと思い聞いてみただけで、他に、ついに一つだけ、彼が以前書いたものの中に圧倒的に気になるものがあったのです。

僕 「ところでさ、「ゴールデンウイークが終わっても、まだ部屋には引越しのダンボールが残ってる」っていうコピーあったじゃん。これ、どういう意味なの?」

生徒 「はい。東京って大学から来る人が多いじゃないですか。東急ハンズの新生活っていう

　と、そういう人がターゲットだと思うんですよ」

僕「そりゃそうだろう。で？」

生徒「で、入学するとサークル入ったりいろいろあって、引っ越して来た時のダンボールが5月になってもそのままだったりするかなあと」

僕「（コピーの）まんまじゃん」

生徒「まんまですね」

一応聞いてはみたものの、やっぱりそのまんまの意味。特に伝えたいことはない。

僕「やっぱそっか。大学で東京に出て来たらとりあえず渋谷に遊びに来て東急ハンズに来ることもあるだろうけど、その時にこのコピーを見てどう思って欲しいわけ？」

生徒「……」

僕「まんまじゃん、って思って欲しいわけ？　ならいいけど」

生徒「……」

僕「多分さ、これ見ても、まんまじゃん、とも思わないと思うんだよ。思うことがあったとしても、で？　くらいじゃないかなあ。講義でも言ったけど、よく「共感」とか言って、ありがちなことをそのまま書くと「あるある！」と共感してもらえると思ってる奴が多いんだけど、それ、甘いと思うんだよね。第一、このコピーを見て、ハンズでどうしてもらいたいと思ってるわけ？」

生徒「……」

ちょっと嫌みったらしく言ったのですが、これは僕の悪いクセで、褒めるのを勿体ぶりたかったのです。また、これは彼が少し前に書いていたコピー。僕が見落としていたとも言え、バツが悪くもありました。

僕「けどさぁ。コピーとしては全然良いとは思ってないんだけど、やっぱこれ、良いかもしれないぞと思ってさ」

というのは、これまでその生徒さんや他の生徒さんのコピーを膨大に見てきたわけですが、「ダンボール」という単語は一度も見たことがなかったのです。

つまり、誰にも似ていなかった。

僕　「確かに引越しダンボールってしばらく部屋に残ってるし、「ダンボール」って言うだけで、引越し・新生活ってすぐイメージできる単語だなって思ったんだよ。「引越しダンボール・東急ハンズ」って並べるだけで、なんか分かるな、っていうかさ」

生徒　「！」

僕　「でも、やっぱり今のコピーのままだったら全然ダメ。だって、あなたは引越ししましたね、って言いたいだけじゃん。引越ししたばっかりの人に、ハンズでダンボール買ってね、って言いたいわけでもないだろ？」

生徒　「そうですね」

僕　「だけど、もし、引越しして部屋にダンボールが溢れてる状態でそのうち捨てようと思ってる時に、「そのダンボール、こうすれば有効活用できますよ」って言えれば、引越しして新生活を迎えた人へのハンズらしいメッセージになるんじゃないかと思うわけよ」

生徒　「そうですよね！　実は僕もそう思ってこれを書」

僕　「（遮って）もしダンボールの面白い使い道が５つ見つかれば、５枚のポスターすぐ作れそうじゃん」

生徒　「はいっ！　調べてみます！」

すると、彼は勤務時間中にもかかわらず一時間もしないうちに、「いろいろありました！」

と連絡をくれました。

助かった、これでなんとか間に合いそうだ……。

広告学校ストーリー 6

終わらないプレゼンはない

と思いきや、テーマが決まってもキャッチコピーが中々決まりませんでした。

まず生徒さんが書いてきたのは、

「ダンボールに、アンコールを」

というコピー。

僕 「おや、韻なんか踏んで、ライムってやつかな？」

生徒「ライムってわけじゃないんですけど」

僕「てことは、ダジャレかな？」

生徒「ダジャレのつもりもないんですけど」

僕「じゃあ何で「アンコール」を使ったの？」

生徒「はい。みんな引越しダンボールは捨てるしかないと思ってますけど、工夫すれば使い道があるので、アンコールすればまた活躍の場があるということだと」

僕「そこが分かりにくい。一体誰が誰にアンコールするわけ？」

生徒「引越しした人が、ダンボールに、ですかね」

僕「そしたらダンボールさんが自分で何かに変身してくれるってことか？」

生徒「……」

僕「このコピーで伝えたいのは、「捨てるだけの引越しダンボールですが、工夫すれば使い道がある」ってことだろ？　見た人にして欲しいのは「工夫」であって、「アンコール」じゃないよな。誰が何をすればいいのか分かりにくくなってないか？」

生徒「そうですかねえ……」

僕「例えばさ、「ペットボトルはリサイクルへ」なら分かるけど、「ペットボトルにアンコールを」としちゃったらパッと見よく分かんねーだろ。そうなっちゃってるわけよ」

生徒「あ、なるほど」

僕「な。「ダンボールに、アンコールを」って、「アンコール」を使って分かりにくくしただけで、面白くもなってないからダジャレ以下だろ。なのになぜ「アンコール」を使ったかというと、語呂合わせをしてコピーっぽくまとまったと自己満足してるのがバレバレで、コピーが下手な人に見えちゃってるんだよ、これ。ラップバトルで使う分にはいいけど、今フリースタイルダンジョンに出てる余裕ないだろ?」

生徒「はい……」

さすがに時間がなくなってきており、まくし立ててしまった僕でしたが、コピーライターはとかく言葉を工夫しようとしてしまいます。

こうなっていればコピーとして成立している、というルールがないから、語呂合わせや反復・対句、倒置法などを使うと工夫できたつもりで安心してしまう。

コピーに定型などないのに、逆に、みすみす定型のようなものにはまろうとしてしまう。

そして、そのいらぬ工夫だけが目立ってしまい、肝心の伝えたいことが分かりにくくなってしまう。結果、コピーライターとして工夫しましたよ、と自己主張してるようなコピーになってしまうのです。

僕　「ともかく伝えたいのは「捨てるだけの引越しダンボールだけど、工夫すれば使い道がある」なわけだから、これを短くしたらどうなるかを考えろ！」

コピーや文章を書く時には、まずどんなに長くなってもいいから伝えたいことやその気分を正確に全部書き出してみて、そこから短くしていくと考えるのが良いと思います。

少しずつ削り、都度都度元の長文と比べることで、削っても良い単語、削ってはいけない単語が分かってくる。レトリックなどは、それを使うことが目的ではなく、伝えたい気分を消さずに全体を短くするために使うものなのです。

僕　「そういう意味では、「ダンボールに、アンコールを」を見て分かったんだけど、逆に削らない方がいい単語があるなあ」

生徒　「うーん、「工夫」ですかねえ」

僕　「いや、「引越し」じゃないか？　ただ「ダンボール」と書くんじゃなくて「引越しダンボール」とした方が、読む時に自然と「捨てるしかないと思っていたけど」という気分になって、グッと入り込みやすくなるんじゃないかな。「工夫」は、言わなくても工夫の例を見れば伝わるよ。「アンコール」じゃ何も伝わらないけど」
生徒「わかりました、ありがとうございます！」
僕「いやいや、「引越しダンボール」、君が見つけた言葉じゃないか」
生徒「……はいっ！」
僕「とにかく、分かりにくいものは絶対に面白くならないから。余計な小細工はするなよ」
生徒「もうひと頑張りしてみます！」

もちろん、もうひと頑張り、では終わりませんでした。

小細工をしては、やっぱ余計だなあ、と削る繰り返し。

しかしそれは生徒さんだけのせいではありません。一位を取れるか、となると、もう少し工夫すべきかもと僕も迷ってしまったのです。

が、この企画のメッセージ「ダンボールを面白く使おう」は具体的。見た人に何をして欲しいのかハッキリしている。気持ちに訴えかける抽象的な言葉はいらない。いろいろ試したけど、やっぱり分かりやすい方が良かった。

そして作ったのがこのポスターです。

できたのはプレゼン当日の朝、ギリギリだけど、なんとか間に合った。

捨てたもんじゃない、引っ越しダンボール。

新しい生活を始めるとき、必ずあるものといえば夢と希望と、そして引っ越しダンボール。ダンボールの荷物が片付くと、ホッと一息。さあ、新生活のスタートです。でもそのダンボール、もしあなたが捨てようとしているなら、「ちょっと待った！」。引っ越しダンボールは、ただのゴミじゃない。少しの工夫と、ちょっとした道具さえあれば、あなたの毎日がぐっと楽しく便利になるんです。せっかくの新生活、クリエイティブに始めてみませんか。

CREATIVE LIFE STORE
TOKYU HANDS

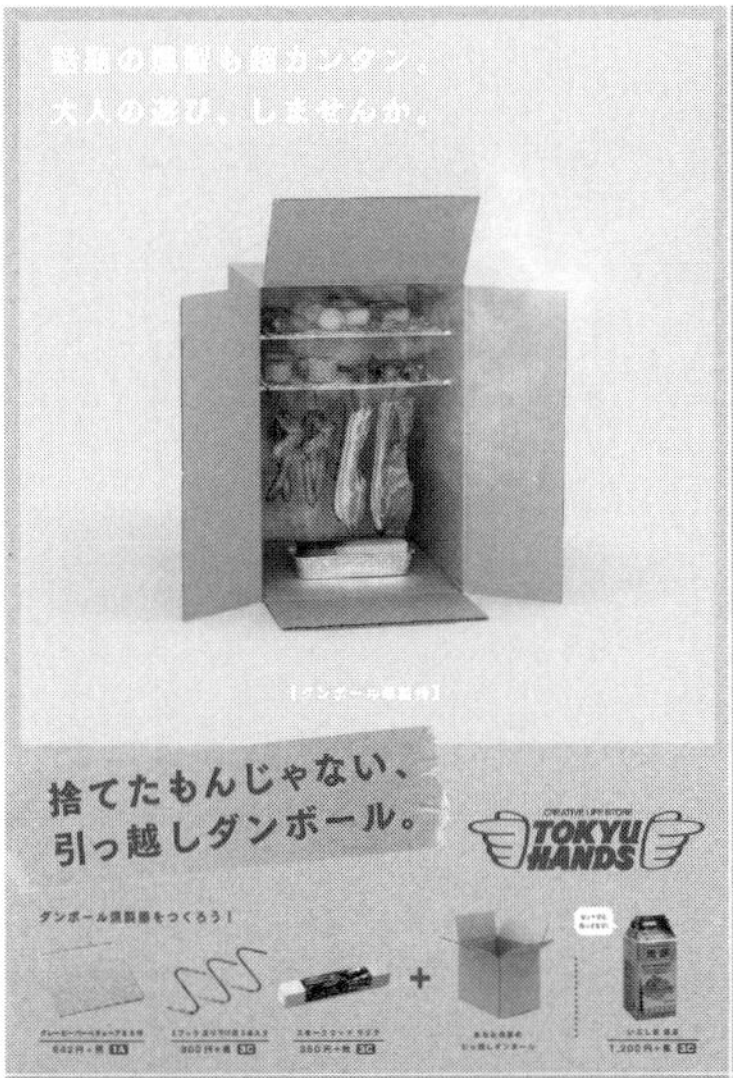
話題の燻製も超カンタン、
大人の遊び、しませんか。
【ダンボール燻製機】
捨てたもんじゃない、
引っ越しダンボール。
CREATIVE LIFE STORE
TOKYU HANDS

いやー、大画面って
本当にいいもんですね。
【ダンボールひとり映画館】
捨てたもんじゃない、
引っ越しダンボール。
CREATIVE LIFE STORE
TOKYU HANDS

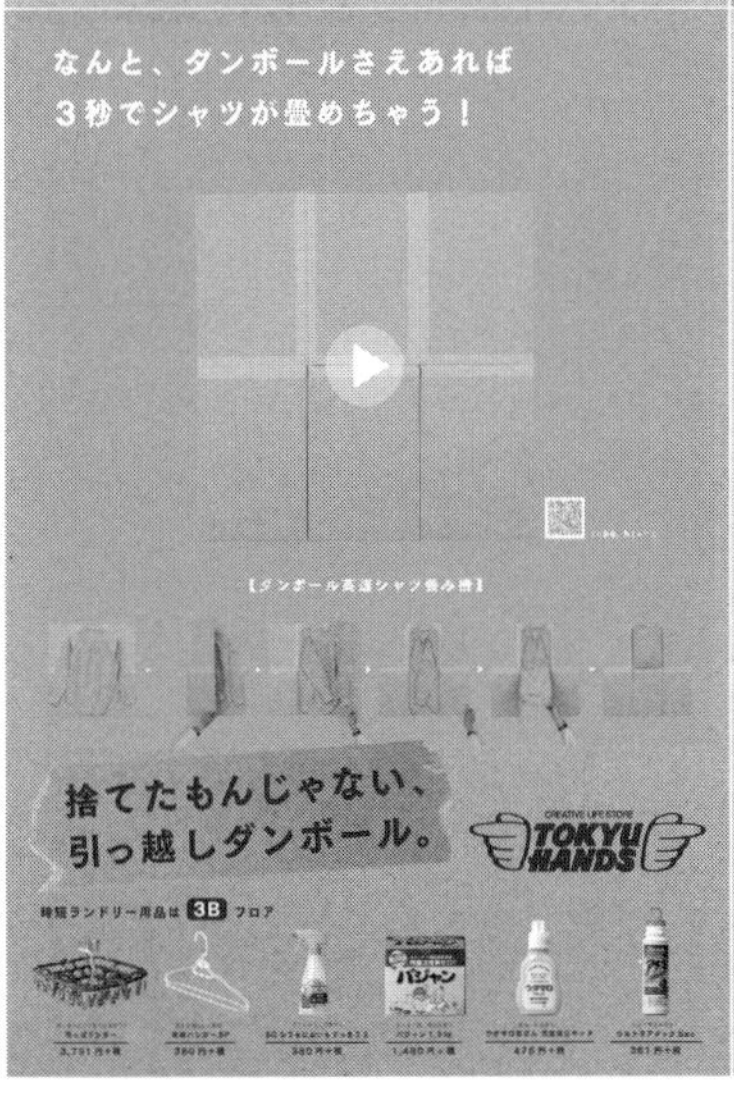
なんと、ダンボールさえあれば
３秒でシャツが畳めちゃう！
【ダンボール高速シャツ畳み機】
捨てたもんじゃない、
引っ越しダンボール。
CREATIVE LIFE STORE
TOKYU HANDS
3B フロア

ダンボールが大好きな、
可愛い同居人もできそうだ。
【ダンボール猫タワー】
捨てたもんじゃない、
引っ越しダンボール。
CREATIVE LIFE STORE
TOKYU HANDS
6C フロア

調べてみると、いろんな使い道があるものです。

しかしこのポスターを見たからといって、実際に燻製を作ったり、高速シャツ畳み機を作ったりする人は少ないかもしれません。

が、最低でも、工夫して楽しい新生活を送ろう、という東急ハンズらしいメッセージは伝わるだろう。

それは奇しくもこの生徒さんが最初に作ってズッコケた「雨の中コンビニ袋を頭にかぶってバイクに乗っている人」のポスターと、伝えたい気持ちは同じ。

しかし、「雨の中のコンビニ袋」は変なだけだったけど、「引越しダンボール」なら東急ハンズに似合ってる。

僕　「どう評価されるか分からないけど、とりあえず、人と違うものは作れたんじゃないか？」

生徒　「はい、満足してます！」

何より「ダンボール」という単語を見つけられたことに2人で満足していました。

「ダンボール」を見つけるまでに随分時間がかかったけれど、「ダンボール」という単語が他と似ていないものだったから、その後は無理に頑張らなくても、5枚のバリエーションも自然と他と似ていないものになった。

すると、運の良いことに40人中一位になってしまい、実際にポスターを作らせてもらえることになったのです。

そして実際に掲出されたので、一般の広告賞に応募してみたところ、その生徒さんはまさかの新人賞を受賞することになったのです。

僕「嘘っ？ そこまでのもんじゃねーだろ」
生徒「はい！ でも、まぐれだとしても嬉しいです！」

ともかくラッキー、運が良かった。

そこまで評価されるとは思っていませんでした。新人賞は前後に並ぶ他の応募作によって見え方が変わります。そんな相対運が良かったのかもしれない。

それにしても、かつて小細工ばかりしてグルインで痛い目に遭っていた僕が、「分かりにくいものは絶対に面白くならない、余計な小細工はするなよ」などと言うようになるなんて。

その生徒さんを見ていると、あの頃の自分を思い出すことが多く、何処となく似ているように感じていました。
が、あの頃の反抗的な僕と違って、その生徒さんは素直だった。
僕とは違い素直にアドバイスを聞いて頑張ったから運を呼び込んだんだろうな、そう思えました。

僕　「本当にまぐれだと思っておいた方がいいぞ。自分に実力があるなんて勘違いしたら、その後鳴かず飛ばずになっちゃうからな、俺みたいに」
生徒「ハイ！」
僕　「ハイかよ（苦笑）」

ですが、ノートの中から「ダンボール」という似ていない単語を見つけたのは僕。まるで理想のスーパー先輩じゃないか！　と独りごちたのは言うまでもありません。

「考え方」より「選び方」

「ダンボール」は、うまく行きすぎたラッキーな例ですが、そのラッキーがどこから来たかというと、似ている・似ていないを単語で判断したことだと思うのです。

「考え方」でもなく、「文章の書き方」でもなく、最小の単位「単語」。

つい難しく考えがちですが、単語のレベルで見ることで、判断が容易になった。

何しろ、単語の似ている・似ていないを判断するとは、詰まるところ、他で使われているかどうかをチェックするだけ。

誰でも簡単にできる。

それに、これはコピーや文章を書く時に限りません。

見てお分かりの通り「ダンボール」は、コピーというよりも、企画、ですよね。広告に限らず企画のアイデアは、その中心になる単語を見つけることとほぼイコールです。

単語で判断すると、簡単な割に思いの外、文章だけでなくあなたの考えるアイデアが「人と違う」ものになれるのです。

あなたのノートを見てみましょう。

その中からコピーやアイデアを選ぶ時、どれが「正しい」とか「面白い」とか考えるのは一旦やめましょう。

きっとその選び方をすると、人と似たもの、見たことのあるものを選んでしまいます。

他と似ていない「単語」を探してみましょう。

みんな「文章」として考えすぎなのではないでしょうか。

文章として考えてしまうと、コンセプトや文章の主体や文体やらなんやら、それこそ違いが無数にあるため、どの違いが大事なのかよく見えなくなってしまいます。

そんなことは、ある程度書けるようになってから気にすればいい。

カタコト英語と考えましょう。

単語で大体の意味は通じる。

単語を絵やマークと考えましょう。

並べ替えても印象は変わらないけど、違う絵が入って来たらすぐ気づく。

ノートを見ると、何度も出てくる単語がある一方で、一度しか使っていない単語があるのがはっきり分かるはず。

打ち合わせで爪痕を残したいならば、勇気を出して一度しか使っていない単語に注目してみましょう。

やりがちなのは、何度も使っている単語の方が大切なのではないかと思ってしまうことです。自分のノートにすらたくさん書いてあるのに、他の人のノートに書かれてないわけがありません。

それはモブキャラならぬ、モブワード。そんな単語をいくらこねくり回しても新しくは見えないのです。

モブワードかどうかは、こうすればすぐ分かります。

その単語と、あなたが書いているテーマ（広告の場合、商品名や企業名）を単純に並べて書いて見ましょう。

「つながる　〇〇モバイル（携帯会社）」

という具合に。

ノートの中によく出てくる単語と組み合わせると、大体とても普通に見えるのです。

一方で、自分のノートの中ですら一度しか使っていないような単語は、まず他の人は使っていないはずですよね。

クリエイティブとは自分らしく考えるものだとしたら、文章における自分らしさとは、文体その他いろいろあるのでしょうが、まずは他の人が使わず自分しか使わない単語に出る、と言えるのではないでしょうか。

不思議なもので、人が使わないような単語って何だろう、と考えようとしても、これまたグルグル回るのがオチなのです。自分の書いたノートから拾ってみるのが早い。

しかし、一度しか使ってないからといって、その単語が役に立つかどうかは分かりません。

まずは、選んだ単語と書きたいテーマとを単純に並べてみる。

役に立ちそうかどうかは、その感触ですぐ分かるはずです。そこからイメージが広がるかどうか考えてみましょう。

例えば、「上野・○○モバイル」という組み合わせができたとします。

同じ地名でも、「渋谷・○○モバイル」だったら、若者とかカルチャーといった繋がりが連想できますよね。

でも「上野」だと、なぜ上野なのか謎です。一見「渋谷」の方が役に立ちそうに思えます。

しかし、「渋谷・○○モバイル」はありがちにも見える、「上野・○○モバイル」の方が珍しいとも言える。

「上野」は自分で書いた単語なのだから、何か自分なりの意味や理由があるはずです。そこを考えてみましょう。

動物園があるからインスタ映えしそうに思ったのかもしれないし、アメ横があるからキャッシュレス決済のことを考えたのかもしれない。

「上野・○○モバイル」という組み合わせに何か自分なりの理由やイメージが浮かんだら、「上野」という単語を中心にコピーや文章を書いてみればいい。

ということです。

理想的には、その単語とテーマが並ぶだけで新しく見えて、かつ何となく言いたいことが分かる、そんな単語が見つけられればラッキー。

もちろんほとんどの単語は、試してみても役に立たないことになるでしょう。

しかし、もし役に立たなくても、そうやって書いてみた文章に、また今まで使ったことのない単語が見つかれば、そこからまた考えてみればいい。

少なくとも他の人が使わない単語を中心に考えていくことで、まずは他にない印象の文章になることが担保されるはず。

他の人と同じ単語を使って他とは違う印象を作ろうとしても、より大変になるだけなのです。繰り返しになりますが、他にない印象が担保されたからといって、良い文章になったり、面白くなったりするかどうかは分かりません。

しかし、良いか悪いか以前に、誰とも「似ていない」ことがまず難しいわけです。そこをクリアすることが、「良いもの」「面白いもの」に近づく具体的な方法だと思うのです。

ある程度頑張って考えたら、ノートを埋めた言葉が現段階での自分の実力だと思った方がいい。

ならば今までとは違う「選び方」をすることで、違う頭が働き始め、自分が既に考えた中からヒントを見つけられればそれでいい。

ノートの中にひっそりと書いてある珍しい単語。それがあなただけの「個性」なのだと思う。

「あぁ、俺もこういうこと考えたことあったのになぁ」の「こういうこと」とは、きっとそんなひっそり書いてあった単語。

自分の個性を盗られたようで、だからちょっと悔しく思うのではないでしょうか。

似ていない単語の見つけかた

ノートの中にひっそりと書いてある珍しい単語。それがあなただけの「個性」なのだと思う、だってよ(笑)。

そんなことを書いちゃいましたが、スベってないですか？　不安だなぁ。

ていうか、この本全体的にスベッてますかね？

スベるのはしょうがないにしても、何か他の本と似ていたりしないでしょうか。もしそうだったら、「面白い」とは「似ていないこと」、なんて書いてしまったのに全く説得力がないですよね。

似ていない文章が書けているか、本当に不安だなぁ。

書いても書いても似ていない単語が見つからない。似ている文章にしかならない。

残念ながら「ダンボール」の生徒さんの陰には、そんな生徒さんも当然いました。

この本はクリエイティブのダークサイドを描くのがモットー。その辺りを書きますと、僕にできることは「考え方」より「選び方」、ノートに似たような単語しかないとなると選びようがないわけです、何もしてあげられない。

卒制がうまくいかず、悔し泣きをする生徒さんも毎年いました。目の前で涙を流される。

僕は講師として「ダンボール」の生徒さんだけでなく同様に他の生徒さんが頑張っているのも見ていたので、卒制プレゼンの日はなんとも切なくなる日でありました。

しかし、生徒全員誰でも頑張れば必ずうまくいくわけではない。

頑張って考えても人と似ていない単語が一つも思いつかなかった。人と似ている単語しか書けなかった。

言いたくはないけどさすがにこの状態は、才能がなかった、ということかと僕は諦めていました。

が、「才能」というのもいい加減な言葉です。だって、SNSのIDやメアドを決める時、何度かは「既に使われています」とはじかれるけど結局は誰でも世界に一つだけのIDを考えられますよね。人と似ていない単語が一つも書けないなんて、何かがおかしい。

ナンバーワンになれるかは別として、誰しも世界に一つだけの誰とも似ていない単語を持っているものなのです。

何年か講師をしているうち僕は頻繁に、

「なんでまたこんなコピー書いちゃったの？」

と、生徒さんに聞くようになりました。

特に、なんの変哲もない普通の単語ばかりの普通のコピーなのに、どこか分かりにくく感じた時は必ず聞く。

すると大体こうなります。

僕　「なんでまたこんなコピー書いちゃったの？」

生徒「まあ、いいじゃないですか」

僕　「いいから言ってごらんよ」

生徒「別に大した理由はないんで」

僕　「言えよ！」

恥ずかしがって、中々言わない。

しかし人が中々言わない時は、絶対奥歯にプライベートが挟まっている。

「いやあ……、商品とは全然関係ないんですけど、彼氏の実家が北海道なんですよ、よく北海道はゴキブリいないって言うじゃないですか、（略）うちに彼氏が来た時に、（略）やっつけたがるんですよGを、（略）それとは別に「やっつけ仕事」って言葉もあるじゃないですか、（略）意味は違うんですけどそう言っちゃう気分ってあるなあと思って」

などと、「関係ないんですけど」と語り始めたエピソードの中には、必ずと言っていいほど珍しい単語があったり、むしろそのまま書いた方がよっぽど面白く分かりやすいことがよくあるのです。

なのに「北海道」や「ゴキブリ」や「やっつけたがる」を抜いてコピーにしているから、どこか言いたいことを言えてない中途半端なものになっていた。

自分ではエッセンスを抽出して書いたつもりなのでしょうが、エッセンスを抽出するとは具体的でナマな単語を外すことだと思っている。

逆なのです。

僕「それそのまま書けばいいじゃん！」

生徒「でもなんか、長いし、他の人には関係ないかなあと思って」
僕　「何様のつもりなんだよ？　同じ庶民で関係ないわけないだろ」

似ていない単語を書けない理由は実に単純。

なぜかコピーを書こうとすると、自分の身の回りに起こった具体的なことは他人には関係ないこと、分からないこととして排除しようとする人が多いのです。

その内容を誰にでもある普遍的なことに変換しようと、誰もが使う普通の単語で抽象的に書いてしまう。自分にしか書けない単語であればあるほど外すことになる。

コピーを書こうとする時、無意識に格言めいたものを目指してはいないでしょうか。それでノートが似ている単語ばかりになってしまうのです。

でも、

井の中の蛙
全ての道はローマに通ず

みなさんが今までコピーを書く時に「蛙」や「ローマ」という単語を使ったことがありますか？　格言もよく見ると、ちゃんと具体的で珍しい単語を使っているものなのです。

そこを、「全ての道は繁華街に通ず」、と書いてしまいがち。

自分に起こったエピソードは、当然ですが自分にしか書けない文章になります。その中には自分にしか書けない単語が当然入っている。書くほどのエピソードじゃないし、と思って書かないのかもしれませんが、それを書かないと誰にでも書けるものにしかなりません。「自分らしく」そのまま書いてみましょうよ。似ていない単語がノートの中に見つけられない人は、書けない、のではなくて、書かない、だけなのです。

少し前に、
「うまく説明できないんですけど、なんか好きなんですよね」と選ぶ人の方が、その後良いコピーを書くことが多いです。
と書いたのはこれのことでした。その理由を根ほり葉ほり聞いていると、個人的なエピソードに行き着いて、似ていない単語が必ず見つかるのです。

コピーや文章を書く時には、まずどんなに長くなってもいいから伝えたいことやその気分を正確に全部書き出してみて、そこから短くしていくと考えるのが良いと思います。

とも書きました。最初からカチッとしたコピーを書こうとすると、ノートが抽象的な誰にでも書ける単語だらけになってしまう。それでは似ていない単語を選ぼうにも選べないわけです。

とはいえ、根ほり葉ほり聞いたからといって何のヒントにもならないことも多々ありました。男の生徒さんに、彼女から呼ばれているアダ名が本名からかけ離れていたので、

「どうして「ペケ」って呼ばれてるの？」

と聞くと、恥ずかしそうに数々のエピソードを話した結果、

「で、それが短くなって「ペケ」」

聞いてはみたが、どうでも良かった。

「ごめん、本当に関係なかったね」

みんなの前で暴露させられて、生徒さんは、ムッ。

が、恥ずかしがって中々言わない時ほど似ていない単語が見つかるチャンスだと思い、しつこく聞いていたわけなのです。ごめんね、ペケ。

似ていない単語の見つけかた・2

随分と広告学校の話をしてきましたが、最後にみなさんもちょっと考えてみませんか。

ある年の卒業制作が、「東急ハンズ渋谷店のクリスマス」という課題だったことがありました。

そのものズバリ、クリスマス商戦期に東急ハンズに来てもらうためのコピーです。

みなさんならどういうコピーを書くでしょうか。


と言ったところで、実際考えるのは面倒臭いですよね。

似ていない単語の違う見つけ方の例をお話ししたいと思います。


ご存じの通り東急ハンズはＤＩＹやアイデア商品の揃ったお店。そしてクリスマスと言えばプレゼント。

生徒さんの多くは、手作りのプレゼント、または年末ならではのイベント（パーティや大掃除）を自分たちだけのオリジナルなものにしよう、といったテーマで考えていました。

が、ノリの悪い生徒が一人いました。
あまりコピーを書いてこない、書いてきても「彼女へのプレゼントも、おじいちゃんへのプレゼントも東急ハンズ」といった明らかにやる気のないコピー。
広告学校は義務教育ではないし、その生徒さんは社会人。仕事が忙しいなら無理にこの課題をやることはないのですが、それまでの講義では面白いコピーを連発していたので気になって話してみたのです。

生徒「なんかこの課題難しいんですよね」
僕「ふむ」
生徒「ていうか、あまり（気が）ノラないというか」
僕「ノラないのはどこだろうね、東急ハンズ？　クリスマス？」
生徒「どっちかって言えばクリスマスですかね」
僕「そうか、実は俺もそうなんだよね。俺誕生日が12月23日なんでプレゼント一緒にされたクチでさ（笑）」

僕の誕生日はさておき、そこから二人でクリスマスにノレない話が盛り上がったのです。

生徒「ぶっちゃけ、僕はプレゼントを手作りしようなんて思わないんですよ」
僕「俺も俺も」
生徒「しかも年末って忙しいじゃないですか」
僕「だよねだよね」
生徒「プレゼント手作りしようとかアイデアパーティやろう（というコピー）を書かなきゃダメなんすかねえ」
僕「書かなくていいに決まってんじゃん！」

その生徒さんは、いくらクリスマスの東急ハンズだからといって、プレゼントを手作りしようというようなメッセージだと自分にはピンと来ないと思っていたのです。
それを正直に言っている。
きっと他の生徒さんの多くもクリスマスにプレゼントを手作りすることはないはずですが、そんなことを言うのは彼一人でした。

僕「じゃあ、手作りなんかしない君とクリスマスと東急ハンズの接点を考えてみようよ」

そうは言ったものの、クリスマスに手作りするのを楽しみにしている人もいるわけです。そんな人たちに水を差すようなコピーだと感じ悪い。そこに接点などあるのだろうかと、僕は心配していました。

しかし彼が書いてきたコピーは、こういうものでした。

「渋谷のクリスマスはハンズでできている」

ビジュアルはクリスマス時期の渋谷のいろいろなお店。レストランやブティックや雑貨屋、確かにこの時期はどのお店もクリスマスらしい飾り付けをして手書きのメニューやＰＯＰなど趣向を凝らしてお客さんの気分を盛り上げている。

言われてみれば、渋谷のお店なら渋谷のハンズで買って作って飾り付けたのだろうと気づかされる。

クリスマスだからといって何もしない僕らも、ハンズ（手）で作った街の雰囲気を楽しんでいるんだ、というコピー。

自分の正直な気持ちと、手作りの接点を見事に見つけてきたわけです。

しかも、「渋谷」「クリスマス」「ハンズ」、生徒全員誰もが使っている単語だけしか使わずにこの上がり。とってもオシャレではないでしょうか。

先に、こう書きました。

「申し訳ないすけど、自分にはどれもピンと来なかったすね」と、ひねたことを言う生徒さんもたまにいました。が、それはそれで見所があるのです。人とは違う意志を持っているので、それを分かりやすい言葉にできれば強いコピーになる可能性がある。

その代表がこの生徒さんでした。

この「渋谷のクリスマスはハンズでできている」には、似ていない単語、は一つも入っていません。

しかし、自分の身の回りに起こった具体的なエピソードを書くことで似ていない単語を見つけることと、単語ではないものの、自分の正直な気持ちを書くことで人とは違う視点を見つけることは同じだと思うのです。

キレイ事のようですが、文章を書く時は、自分に起こったことや自分の正直な気持ちを書いた方がいい。

文章を読んで、明らかな嘘が書いてあるわけではないのに、なんか嘘っぽいな、と感じることありますよね。

コピーの嘘は、バレやすい。

良いコピーは正直に見える。

たとえみんなとは違って「クリスマスにはノレない」という気持ちであっても、それが正直な気持ちであれば、どこかみんなにも分かる接点があり、しかも強く響くコピーになると思うのです。

こと広告コピーを書こうとすると、ターゲットはどうこうでと「みんな」のことばかり気にしてしまいます。

また、ソーシャルグッドやSDGsの時代の中で、「正しい」ことを書こうとしてしまう。嫌われないし、間違ってもないけれど、好きにはなってもらえません。

文章やコピーを書くコツはきっといろいろあるのでしょうが、良い文章や良いコピーは、正直に自分の思いの丈を全部書いてみることから全てが始まり、その先にしかないのではないかと思うわけです。

矛盾するようですが、正直ついでに言いますと、広告コピーの場合、自分の気持ちを正直に書くだけでなく、その商品をどんな人がどんな時にどんな気持ちで使っているか、ターゲットのことを想像することもやはり必要です。

文章を書く上でも、想像はもちろん大切。

しかし、想像だけで書こうとする人も多い。

ろくに商品のことを調べもせず頭で想像するだけで、これはこんな感じだろう、と書いた言葉は嘘っぽくなる。

逆に言うと、想像するだけではなく商品のことをきちんと調べることで、正直に感じられる強い言葉を見つけられることがあるのです。

「東急ハンズ渋谷店のクリスマス」の課題で、ある生徒さんがこんなコピーを書いてきました。

「ハンズができる前から、ここはクリスマスの聖地でした。

（ボディコピー）

東急ハンズ渋谷店は、聖パウロ教会跡地に建っています。1951〜1972年までの21年間、毎年クリスマスには多くの人が集い、大切な人とのひとときを過ごす場所だったのです。」

ビジュアルは当時の聖パウロ教会の写真。

トリビアと言えばそれまでですが、その年の卒制でダントツに印象に残ったポスターでした。みなさんも「へえ～、そうなんだ！」と、しばらく忘れなさそうに思いませんか？　人に教えたくなるし、何しろクリスマス気分を盛り上げる。

卒制では想像で書かれた素敵なクリスマスコピーもたくさんありました。しかし、自由にいくらでも想像できそうなものですが、教会という事実を超えるロマンチックな想像はなかった。

そして、誰でも調べればすぐ書けることなのに、誰も調べなかったから、似ていない言葉となったわけです。

自分の経験を書くでもなく、自分の気持ちに向き合うでもなく、きちんと調べるでもなく、頭の中だけでなんとかしようとしても似ている言葉しか見当たらないように思える。

やはり自分に正直になることが、似ていない単語を見つける近道のように思えるわけです。

AIに取って代わられる仕事

自分の書いた文章の中の似ていない単語に注目して、その単語を主役に新しい文章を書いてみる。その中にまた似ていない単語が見つかれば、そこからまた書いてみる。

こうしてまとめてみると、誰でも発想を散らすときに頭の中で普通にやっていることのように思えますよね。

ふせんに言葉を書いてマッピングしてグループ分けして、といったやり方とも似ています、まとめてみると。

しかし、毎回ふせんに書くかというと、書かないですよね。

なぜかというと、面倒臭いから。

そして、頭の中でも実際は散らしておらず、すぐ、まとめよう、としていませんか。

「まとめて言うと、こういうことでしょ。分かった分かった」と、書いてもいないふせんを壁に貼ったつもりになってはいないでしょうか。

「まとめる」と、何でも簡単に見える。

キラキラしていないので気づきにくいのですが、クリエイティブに決定的な影響を及ぼしているラスボスは、この「まとめる」です。

それは打ち合わせに行けばすぐ分かる。

最近、まとめたがる人、が増えていませんか。

「まとめてきました」と言うと、全体を俯瞰(ふかん)して高度なことをしている風に聞こえますが、その実、まとめることは楽。みんなが出したアイデアを、誰にでも書ける抽象的な言葉へグレードダウンしたに過ぎないことが多い。

なのにタチが悪いのは、「まとめた」だけなので、当然間違ってはおらず、否定されることがないことです。

「散らして」考えてくるよりも「まとめる」方が偉い、とマウントを取ろうとしている感じがないでしょうか。

「まとめる」は「散らして」を軽視させます。

そして僕らも、時間のない仕事が多い中、つい「散らす」大切さを忘れがちだと思うのです。

「まとめてみると」と思うことはあっても、あまり「散らしてみると」とは思わない。

毎回ふせんに書くのもやはり面倒臭い。

なので、自分のノートに珍しい単語を見つけた時くらい、勿体ないから散らすキッカケにしてみようよ、というのが僕の意見でした。


しかし、そんなことを言っても、もう手遅れかもしれません。

まとめず全部ふせんに書いて壁に貼る奴が現れてしまった。

あるテーマで直ぐに発想される単語から二次的三次的に出てくる単語を精査すると、そのテーマとも相性が良く、意外にも世の中であまり使われていないものを見つけられたりする。

それが得意なのは、人類よりも、むしろＡＩだった。

ビッグデータを解析するとそのテーマから類推される単語の地図のようなもの＝単語のデジタルツインができる。

時代ごとに少しずつ変化して行く言葉同士の距離や意味合いをリアルタイムで追うことで、今ならこの辺りの単語が世の中にヒットするのではないか、と的確に単語を選び始めたＡＩが、ある日「面白いってこういうことすか!?」と暴走、面白すぎる文章やアイデアを湯水のごとく量産し始めてしまった。いくら技術が進歩してもクリエイティブと言われる職種はセンスが問われるから人間にしかできない、とタカを括っていた人類など、まとめたりせず粛々と試行錯誤を続けるＡＩの敵ではなく、瞬く間に書いたり考えたりする仕事から駆逐されてしまう。こうなったらターミネーターのように過去に誰かを送ってＡＩを破壊するしかない。そうして未来から送り込まれたのが僕、というわけではないですが、案外僕らの仕事はＡＩに取って代わられやすいものだということを面白く書けそうに思ったのだが文字数を使ったわりにあまり面白くならなかったのだった。すみません。

まとめて言うと、まとめてはダメなのです。

時間もないしまとめちゃおっかな、と思うことは誰しもあります。でも、ちょっと待ってみる。

みなさんは運命のいたずらで偶然今の仕事に就いたわけではないですよね。

友達が勝手に写真を送ってオーディションを受けることになったからでもないですよね。

自分で考えて、自分の言葉を書きたかったからのはず。

優秀と言われるコピーライターやマーケッターの方と仕事をすると、口では「まとめてきました」と言うものの、それまでの打ち合わせで誰も出していなかった絶妙な言葉をサラッと提示してくれたりするものです。そこがカッコいい。

「まとめる体質」になってしまうのはちょっと寂しいな、と思うのです。

と、偉そうに書いてきたけれど。

寂しいのは、広告学校のことしか語れない俺かもなぁ……。

講師をさせてもらいつつ当然自分の仕事もしていた僕ですが、現業の方はというと、

「……」

ＡＩに取って代わられる未来など心配している場合ではありませんでした。

第6章

もう
アラフィフ、
このままじゃ
終われない。
泣きそう

若手に取って代わられる仕事

「レミー、死んじゃったんだ!?」

髭がトレードマークで「極悪レミー」と称されていたイギリスのヘビーメタルバンド「モーターヘッド」のリーダー、レミー・キルミスターさんが亡くなられたと聞いたのは、「ダンボール」のプレゼンから3ヶ月後のことでした。

ご自身の身長より高く伸ばしたマイクスタンドからマイクを下に向け、ベースを弾きながら月に吠えるように唄っていた。

「一度ナマで観たかったなぁ……」

僕は高校生の頃からヘビーメタルが好き。が、ここに来て好きなミュージシャンの訃報に接することが増えてきました。

死因は大体、癌。

「あの極悪レミーが日本人の二人に一人と同じ癌だなんて……」

享年70。

いくらミュージシャンといえども、もう事故や自殺や薬物中毒で亡くなる年齢ではないわけです。

高校生だった僕もすっかりアラフィフ。

「仕事もあと10年ちょっとか……」

CMプラナーになって25年もたっていました。

ちょうどその頃へビーメタルの世界では、過去のヒットアルバムの発売20周年や30周年を記念して、そのアルバムを全曲再現するアニバーサリーライブなるものが流行り始めていました。

懐かしさに当日券で武道館の二階席へ行くと、かつては革ジャンやロックTで黒一色だったアリーナが、今は真っ白。

背広を脱いだおじさんたちのYシャツで。

ダッセーなあ。

しかし不意に、

「俺はクリエイティブな仕事をしているから、スーツでライブになんか来ないぜ」

そう思っていた若い頃の自分を思い出して無性に恥ずかしくなるのでした。

僕が新入社員だった頃は私服で働ける会社は少なく、スーツを着なくてもいいことがクリエイティブの仕事に憧れる一因ともなっていました。

君は服装だけクリエイティブな25年間だったね(笑)。

アリーナの白いYシャツがそう語りかけてくるようでした。

客電が落ちるとアラフィフの茶色い大歓声、あのイントロが聞こえてくる。

それにしてもミュージシャンはいいよなあ。

30年も前に作った曲をまた演奏するだけで、こんなに人が集まって喜んでくれるんだから。

それ以降は大したヒット曲もないくせに。

が、ヒットもないくせに偉そうに講師なんかしてるのは誰やねん、ちゅう話です。

僕はかれこれ10年以上、ヒットどころかこれといったものを作れていませんでした。

これからの10年も同じように過ぎていき、これといったものを作れず終わるのかなぁ。

広告学校の生徒さんが新人賞を受賞し、お祝いに駆けつけた授賞式。華やかなホテルで嬉しそうな生徒さんと話していると、昔結婚式のスピーチでよく聞いた「人生の時計」を思い出す。年齢を3で割って、21歳は自立を始める朝7時、30歳はこれから働き盛りの午前10時、と新郎新婦の未来を讃えるあんな気分。

生徒さんは午前10時、午後3時を回った僕。

おっといけねえ、こんな時間か。俺はそろそろ老後のために投資セミナーにでも行くとするよ。君たちの時代だ、頑張れよ。

実際に会社でも仕事は僕の年代を通り越して、すっかり若手へ流れて行くようになっていました。

しかし、少し寂しくもあるけれど、講師を始めて6年、ようやく教えることに手応えを感じられるようになってきた。同じ授賞式でも同僚に嫉妬していた30歳の頃とは違い、今は生徒さんの成長が素直に嬉しい。

大人になったなぁ。いや、初老になったのか。

どんな仕事でもこの年代はそうなのだろう、俺もこれからはサブとして若手を支える大人になろう。そう思うようになっていました。

とはいえ、あまり露骨にサブ扱いされるのも面白くないものです。

たまたま仕事納めだったので日付を覚えているのですが、２０１４年12月26日のこと、面識のない営業さんからとにかく急ぎで会いたいとの連絡がありました。営業さんの様子といいタイミングといい、余程重要な仕事なのだろうと思い急遽この年最後のミーティング。

一通り商品のオリエンをされた後、営業F氏は言いにくそうにこう付け加えたのです。

「実はですねえ、これ自主プレなんですよ。なのであまりお金をかけずにサラッとやりたいんですよねえ」

「えっ、自主プレ……」

自主プレとは、自主プレゼンテーションの略で、言葉通り、クライアントさんから依頼がないのに自主的に企画を持っていくプレゼンのことです。

依頼がないわけで、広告の場合実現の可能性は限りなく低い。

デキる営業がクライアントさんのニーズを敏感に捉え、ここぞという時に自主プレすることでビジネスに繋がることもあるのですが、この営業F氏は天然っぽく、そうではなさそうでした。

その証拠に、自主プレならいつやってもいいはずなのに、こんなド年末にやってくる。

しかも、言わなくてもいいこんなことまで言う始末。

「いやあ、自主プレなんですよ。実は、他に二つメイン商品のプレゼンもあるんですが、一つは○○君が、もう一つは△△君がアサインできちゃったんですよね～。なので、井村さんには自主プレの方をお願いしようかなあと」

○○君と△△君は、もちろん僕より若く、この頃社内でもイケてると評判のプラナー。アサインできちゃったんすよ〜、と嬉しさを隠そうともしていない。明らかに僕は、ついで、な感じ。

しかし、あまりに正直にあっけらかんと言うもので、僕は笑うしかありませんでした。

「それは良かったねえ(苦笑)」

「そうなんすよ〜。それでプレゼン日なんですが、メイン商品のプレゼンで1月後半は忙しくなるんで、1月2週目くらいにしてもらえませんかねえ」

「えっ?」

シレッと正月に考えろと言っている。そして僕の返事も待たずに最後の捨て台詞がまたすごかった。

「じゃあ僕はそろそろ新幹線の時間なんでこの辺で。いやあ、でも本当に良かったあ、年内に振り出せて。ホッとしました。それでは良いお年を〜」

「……」

普通ならムカつくところですが、その時の気持ちは、しょんぼり。

そういうことだよなぁ……。

若手のイケてるプラナー。

それに、自主プレ。

そして机の上にはF氏が置いていった商品。

改めて見ると、ターゲットが狭く、すぐ消えそうで、自主プレしたところで到底クライアントさんが広告投資をしそうには思えませんでした。

正月休みがくたびれ儲けか。

「……」

UHA味覚糖さんの「さけるグミ」という商品でした。

ケアレスミスとは何か？

ところで僕は独身、バツもなし。

独身アラフィフ男の正月はというと、徹底的にヒマ。

毎年実家の広島に帰省するのですが、さすがに友達はみんな結婚や再婚や再々婚して子供もおり、僕の相手はしてくれない。

家にいると母親から、

「ヒマなら初詣に出雲大社でも行ってきんさい。縁結びの神様じゃけえ」

という感じ。

縁結びよりは、さけるグミでも考えるか。（ん？　もしやあの営業、こうなることまで計算して俺に正月明けの自主プレをぶっ込んできたのだろうか……）

居場所もなく、近所のファミレスへ企画しに行くしかありませんでした。

F氏にまんまと嵌められた感はありましたが、所詮自主プレと肩の力が抜けていたせいか、企画はスラスラとできました。

それもそのはずこの「さけるグミ」、ＣＭプラナーにとって考え易い商品なのです。

何しろ商品特徴がハッキリしている。

裂いて食べる商品なんてチーズやイカくらいのもので、お菓子にはない。ましてやグミは一口で食べるもの。

つまり最初っから、似ていない。

そして名前は「さけるグミ」。もし「やわらかいグミ・ソフティー」といった商品名だったら裂いて食べる説明が必要になってきますが、「さけるグミ」なら名前を言うだけで特徴がすぐ伝わる。

ちなみに後に知るのですがこの「さけるグミ」、以前は「ごきげんヨーグルト」という商品名で売られていたのだそうです。他と似ていないことが分かりやすいネーミングに変えたというわけです。

♪さけるかな　さけるかな　はてはてふふ〜ん
お相撲さんがデニムをはくとお尻が裂けちゃった、トランポリンに飛び込むとトランポリンも裂けちゃった、お次はスカイダイビング、「裂けるかなぁ？」で「さけるグミ」。

そんな企画が次々と出てきました。

が、しかし。

高校生の頃乗ってたチャリでその頃通ったファミレスに来てしかも正月にペンを握っているなんて、本当に本当に本当に本当に受験生のようじゃないか！

「大吉だった〜」、リアル受験生がおみくじの話をしているのも耳に入ってくる。受験生ですら楽しそうなのに、何が「裂けるかなぁ？」だよ、いい歳して俺は何をやってるんだ！

と、そこで。

受験生は必ずしているのに僕らはしていないこと。

ビール片手に考えていたこともあり、なぜか頭に浮かんだのが、ケアレスミス、という言葉でした。

ふと周りを見ると、さっきまで初詣帰りの家族連ればかりだったはずが、すっかり夜、若者ばかりになっている。

（この若者たちがこんなＣＭを見ても、さけるグミを買うことはないだろうなあ）

改めてコンテを見直してみると、昼間店内を走り回る子供を見ながら考えたアイデアが、恐ろしく幼稚に見えたのです。

（むしろ、このＣＭを見たら買わなくなる、と言うべきか……）

別に大人ウケは気にしなくてもいい商品ではあります。

しかし経験上、子供向けだから大人は分からなくていいや、女性向けだから男性はいいや、とターゲットを絞って考えると、なぜかメインターゲットのウケも悪かった気がする。

大人はおろか子供ですら、自分向けではなくもっと小さな幼児が食べるお菓子のように思うかもしれない。

受験生のように答案を見直していると、なぜかとても不安になったのです。

失敗しそうに思った点は、「裂ける」を表現しようとすると子供っぽいを通り越して幼稚に見えてしまうことでした。

そもそも「裂ける」「裂けちゃう」は大人があまり使うことのない幼稚園っぽい単語。

それに、この商品が裂いて食べるものなのは誰でも見れば分かることなので、ことさら「裂けちゃった！」と裂けることをオチにして強調すると分かりきったことをクドクド説明しているように見えて、むしろ商品の目新しさを消してしまうように思えてきたのです。

ＣＭは往々にして、誰もが知っていることを説明してしまうことで退屈に見えてしまうものです。

例えば、「磨き抜かれた原料が未だかつてないコクを実現」といったナレーション。その新商品のことは知らなくても、誰しもその商品ジャンル自体（ビール、であるとか、車、であるとか）

のことは知っていて大体のことは想像がつくわけです。「磨き抜かれた〜」と聞いた時点で「はいはい。初めてのうまさってことでしょ」と興味を失ってしまう。

そこをなんとか興味を持ってもらおうと、「うまいーっ!!」と南の島へ飛んでいくなど表現を派手にしてしまうのですが、分かりきったことをさらに大袈裟に説明することになってしまい、寒くなりやすい。

日常会話でも話のつまらないオジサンは、想像がつく話を一から説明したがるものですよね。僕もそんなオジサンの一人なわけですが（汗）。

ＣＭはこのパターンに陥りやすい。

その商品ならではの特徴を語っているつもりでも、ＣＭになると「知ってること」と思われやすく、なるべく「知らなかったこと」に感じてもらうようにする注意が必要なわけです。

ともかく、さけるグミが独特な商品であることは見れば分かる。説明しすぎると幼稚になるとこが危ない。

ケアレスミスを防ぐとは、こういうことかもしれないな。

敢えて大人の世界のＣＭにしたのはそのためでした。

しかし、大人の世界とはいえ「横領」「不倫」「キャバクラ」をネタにする必然性は全くありません。しつこいようですが僕はアラフィフ、社会人としての常識はもちろんある。しかもクライアントさんは初対面。もしこの仕事が普通の競合プレゼンだったらこんな不謹慎なネタなんて絶対出すわけないじゃないですか。

なのにそうしたのは、自主プレだったからでした。

クライアントさんには大変失礼なのですが、どうせ実現しないだろうと諦め半分だった僕は残りの半分で、いっそ忖度することなく最も分かりやすいカタチでプレゼンすることでこの正月の思い出にしよう、と思ったわけです。

(A-1) **UHA味覚糖 さけるグミ TVCM あやしい関係 篇**

セクシーな秘書が社長の前にメモのようなものを置く。
目ざとく見つけて囃し立てるダメ社員。

ダメ社員	あ～！不倫、不倫！（笑）
社長	なんでもないよ。
ダメ社員	バレバレですって！

誤魔化すようにメモを裂く社長。
が、一口で食べてしまう。

社長	さけるグミでした。
ダメ社員	さけるグミかよ～！
NA	さけるグミ

(A-2) **UHA味覚糖 さけるグミ TVCM**
横領 篇

専務	この中に会社の金を横領した者がいる。 過去3年間に渡って〜〜

深刻な会議中。
真面目そうな秘書からメモを渡される社長。
すると社長はダメ社員を睨みながら
メモをビリビリと裂いていく。
震え上がるダメ社員。

ダメ社員	ゆ、許してください！
社長	さけるグミだが？
ダメ社員	よかったぁ。
NA	さけるグミ

(A-3) **UHA味覚糖 さけるグミ TVCM**
キャバクラ 篇

キャバ嬢A	やだ、私のタコさんストラップの足が 全部無くなってる！
キャバ嬢B	キャー！見て！

一人の客（社長）が
タコさんの足のようなものを咥えている。
怖そうな店長が出てくる。

店長	おっさん！ 何タコさんの足全部食ってんだよ！
社長	さけるグミだよ。
店長	へえ〜〜！
NA	さけるグミ

が、初めてお会いしたＵＨＡ味覚糖の山田社長は、

「これ、やりましょう」

と、その場で即決。

（え？　やるんかーい?!）

ノリツッコミのようでした。自主プレが実現したことも驚きでしたが、この内容をそのままやるんですか？　特に「不倫」。まだ「文春砲」という言葉もない頃でしたが、社内でのリスクチェックやテレビ局の考査、あるいはクレームを予想されたクライアントさんの心変わり等、きっと作業を進めるうちどこかで何かに引っかかり、考え直しになるだろうと思っていました。

が、

「うちはそういうの平気ですから」

と、山田社長。

なぜかスルッと実現してしまった。

（こんなこともあるんだなぁ……）

失礼ついでに言うと、さらに不思議なことに、どう見てもすぐに消えていく商品だと思っていた「さけるグミ」は売れ行き好調で、２年目もＣＭを担当させて頂けることになったのです。

（こんなことにもなるんだなぁ……）

一応僕もプロの端くれとしてフラットに解説しておきますと、売れたのは僕の作ったＣＭの力ではありません。

先述しましたが最大のポイントは、元は「ごきげんヨーグルト」だった商品名を「さけるグミ」に変えたことです。

元々明らかに他と似ていない特徴があった商品に、きちんと似ていないことが分かりやすい名前をつけたこと。ネーミングが素晴らしい。

下手なキャッチコピーをつけると足を引っ張ることになりそうで、コピーをつけず、ＣＭを商品名の三連発で終わらせているのが何よりの証拠です。

「ごきげんヨーグルト」を終売にせず、名前を変えてもう一度勝負に出られた。山田社長が先見の明を持っておられたのです。

経験が教えてくれること、助けてくれること

「いやあ、自主プレズバリと嵌まりましたねえ。ハッハッハッ」

2年目もお仕事を頂けることになり営業F氏は大喜び。が、僕は反省していました。商品が売れたから良かったものの、「横領」「不倫」「キャバクラ」は明らかにやりすぎ。所詮自主プレだからと僕が悪ノリしていたのは否めませんでした。広告は良い子が基本。そんな中で「横領」や「キャバクラ」に触ることは、「クライアントさんが許してくれたからってプランナーがはしゃいじゃってさ」とカッコ悪くもある。

去年は自主プレだったけど、今年はクライアントさんからオリエンもあるだろう。ちゃんと言うことを聞いて、今年は真面目に頑張るぞ。

すると、こういうオリエンを頂いてしまいました。

「同じ感じでお願いします」

なぬーっ!?

「大人の世界で描くのは結構ですが、とはいえ子供向けのお菓子なんでそこのところお願いしますよ」とか、「さすがにオッサンが食べても美味しそうに見えなかったからそこなんとかなりませんかね」等々、ツッコミどころはいくらでもあるはずなのに、クライアントさんから一切ネガなリクエストが出なかったのです。

広告業界にいると、「クライアントさんが許してくれたからってはしゃいじゃってさ」と思うことがある一方で、「いいなぁ、あんなトンがった表現を許してもらえて」と思うこともある。担当するクライアント運や商品運というものが、やはりある。

誤解のないよう書いておきますと、もちろん頂ける仕事はどの仕事も大事な仕事。ですが、会社員ならどんな業種でも、おいしい仕事とそうでない仕事ってありますよね。

あのクライアントさんのあの仕事をやらせてもらえたら俺だって……と僻(ひが)むこともあった。

しかし今、目の前のクライアントさんは、

「面白いものになるなら、いいですよ」

と言って下さっているわけです。去年の僕は、なんだ自主プレかよ、と思っていたのに。

しかも、イキのいい若手がいくらでもいるのに、わざわざこんな老プラナーに。

「拾ってもらったご恩に報いるべく誠心誠意やらせて頂きます」

そんな気持ちになったのでした。


去年の続編を考えれば良い。それはクライアントさんが去年のCMを気に入って下さっているということでもあります。嬉しいし、新シリーズを考えるより楽でもある。やる気が出ました。何しろ、とある会社になぜかさけるグミを好きな社長がいる、というだけのゆるい設定。その会社が老舗の着物屋でもIT企業だったことにしてもいいし、外資に買収されても倒産させてもいい。変な社員もいるだろうし、就活生が面接にも来るだろう。

最終の役員面接。が、面接に来た学生はポケットに手を突っ込んだままの不貞腐(ふてくさ)れた様子。
人事「志望動機をどうぞ」
学生「そんなもんないっすよ。こんな会社なんか入りたくねーけど、行きたい会社からはお祈りメールが来るばかりで……」

と、ポケットからさけるグミを出し、「何社も、何社も！」と怒りにまかせて裂き始める。

するると社長の顔が輝く。

社長「さけるグミ好きなの？」
学生「裂くしかねーだろ！」
社長「君、採用！」
ＮＡ「さけるグミ」

誠心誠意考えるまでもなく、こんな企画がじゃんじゃん出てきました。

が、途中から、このまま行くと失敗しそうだぞ、となんだか不安になってきたのです。

何度かしたプレゼンは僕もクライアントさんも、「社長シリーズ、次はどう展開しよう」と和やかなものでした。

しかし、さけるグミは携帯会社のＣＭのように出稿量が多かった（テレビでたくさん流れた）わけではありませんでした。しかも流れたのは一年も前のこと、有名なタレントさんが出ていたわけでもない。

冷静に考えると、同じ設定でＣＭを作っても去年からのシリーズだとは誰も思ってはくれないだろう。

なのに僕らは「社長シリーズ」と呼んでいる。

内輪ウケしているようで危ない、と思った。経験上こんな雰囲気の時は、どこかで判断を間違ってしまう気がしたのです。

そのせいか、たくさん企画を思いついても、去年同様3本作るとして僕はどの3本をオススメにするか決められずにいました。どの3本を選んでも去年の縮小再生産になるとしか思えなかったのです。


どの3本で行くべきかなぁと企画コンテを並べて悩んでいると、あれ？　ストーリーにできそうじゃん、と偶然気づいたのがこのシリーズのキッカケ。

去年作った3本のCMから無理やり12話のストーリーにすれば固まりに見えて、「社長シリーズ」であることはいくらなんでも伝わるだろう。それに去年のCM投資も無駄にならない。

しかしそんなことよりも、ストーリーにすることで少ない出稿量を補えるのではないかと思ったのが決め手でした。

12本作ってもテレビで流れる量は去年と同じ。1本当たりの量は減るし、テレビではストーリーの順番にCMを見られるとは限らない。というか、絶対順番に見られるはずがない。

(B-2) **UHA味覚糖 さけるグミ TVCM**
社長はさけるよ　第2話

セクシーな秘書が社長の前にメモのようなものを置く。
目ざとく見つけて囃し立てるダメ社員。

ダメ社員　あ～！不倫、不倫！(笑)
社長　なんでもないよ。
ダメ社員　バレバレですって！

誤魔化すようにメモを裂く社長。
が、一口で食べてしまう。

社長　さけるグミでした。
ダメ社員　さけるグミかよ～！
NA　さけるグミ

(B-1) **UHA味覚糖 さけるグミ TVCM**
社長はさけるよ　第1話

エレベーターで社長と秘書が二人きり。
社長は何かを探してる様子、
秘書が察してさけるグミを差し出す。

秘書　社長、さけるグミですか？
社長　お、気が利くなあ。

すると社長が裂くたび、秘書が持ち上げる。

秘書　ナイスカット！
社長　そんな大袈裟な・・・。
秘書　ナイスカット！すごーい！
社長　君、ボーナスアップだ！

エレベーターの扉が開く。
社長が秘書とはしゃいでる様子を見てしまうダメ社員と後輩。

NA　さけるグミ

(B-4) **UHA味覚糖 さけるグミ TVCM**
社長はさけるよ　第4話

キャバ嬢A	やだ、私のタコさんストラップの足が 全部無くなってる！
キャバ嬢B	キャー！見て！

一人の客（社長）が
タコさんの足のようなものを咥えている。
怖そうな店長が出てくる。

店長	おっさん！ 何タコさんの足全部食ってんだよ！
社長	さけるグミだよ。
店長	へえ〜〜！
NA	さけるグミ

(B-3) **UHA味覚糖 さけるグミ TVCM**
社長はさけるよ　第3話

エレベーターで社長と二人きりになった後輩社員。
秘書と同じようにさけるグミを差し出し、猛烈にヨイショする。

後輩社員	社長、さけるグミですか？
社長	お、気が利くなあ。
後輩社員	営業一部の平井です。 ナイスカット！
社長	またまた。
後輩社員	ナイスカット！流石ですね！
社長	そう？
後輩社員	営業一部の平井です！
社長	君ボーナスアップだ！
後輩社員	やったー！

エレベーターの扉が開く。その様子を見てしまうダメ社員。

NA	さけるグミ

(B-6) **UHA味覚糖 さけるグミ TVCM**
社長はさけるよ　第6話

店長が彼女の両親に挨拶に来た。
が、彼女の父親はキャバクラの客(社長)だった。

彼女　お付き合いしてる藤田さん。
店長　藤田と申します。これ、つまらないものですが。
母親　わざわざすみませ･･･、
あら、本当につまらない。さけるグミ。
社長　どうしてこれを?
店長　非常に良い質問ですね。こないだうちの店に来たおっさんが食ってたんですよ。
社長　店?
店長　はい。私キャバクラの店長をしておりまして。
社長　キャバクラ･･･。
店長　そのおっさんが、タコさんの足食ってんじゃないかって、俺怒鳴っちゃったんすよ(笑)。
すると社長が裂いたグミを口に咥える。
社長　こんな風にか?
店長　おっさん!!
NA　さけるグミ

(B-5) **UHA味覚糖 さけるグミ TVCM**
社長はさけるよ　第5話

喫茶店で険悪なムードのカップル。男はキャバクラの店長。

店長　あ、そうだ。これ知ってっか?
こないだ客のおっさんが食っててさ、
彼女　さけるグミぐらい知ってるわよ!
どうして結婚って言うと話そらすの･･･。

店長がさけるグミを裂くと、逆上した彼女が掴みかかる。

彼女　こんなくだらないもの裂いてんじゃないわよ!
馬鹿馬鹿馬鹿!
店長　やめろ!やめろ!

と、なぜか指輪のように薬指にグミが。

店長　(口笛)
彼女　大好き!
NA　さけるグミ

(B-7) **UHA味覚糖 さけるグミ TVCM**
社長はさけるよ　第7話

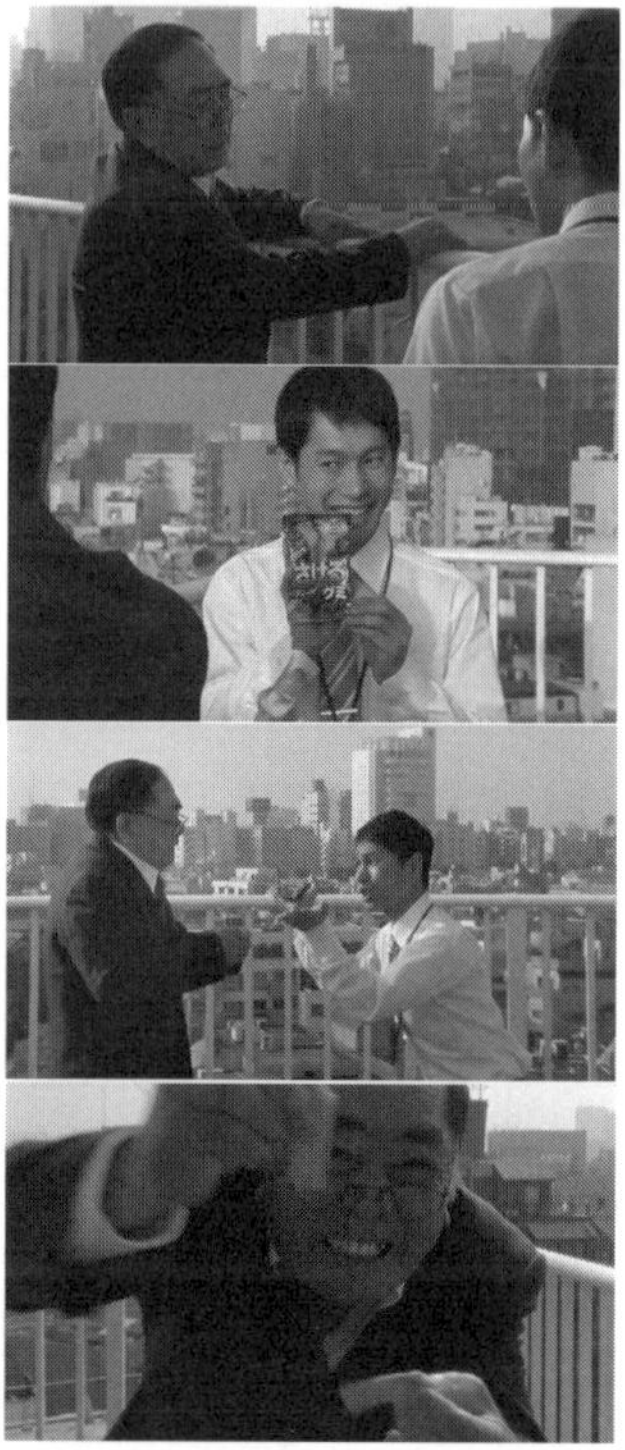

社長が黄昏ているところにダメ社員がやって来る。
自分もボーナスを上げてもらおうという魂胆だったが、
社長の逆鱗に触れてしまう。

ダメ社員　社長、どうしたんすか？
社長　娘が男を連れてきたんだが、しょーもない男でなぁ･･･。
ダメ社員　あー、分かる分かる。
ここはひとつナイスカットといきますか！
社長　そんな気分じゃ･･･。
ダメ社員　さあさあ。
と、コールを始めるダメ社員。
ダメ社員　社長が裂くとこ見てみたい～
ナイスナーイスカット、ナイスナーイスカット、私、経理の前田です！さあ裂いちゃって裂いちゃって、上げちゃって上げちゃって、ボーナスも上げちゃって！
社長　貴様はボーナスカットだ！！
ダメ社員　･･････。
NA　さけるグミ

(B-8) **UHA味覚糖 さけるグミ TVCM**
社長はさけるよ　第8話

専務　この中に会社の金を横領した者がいる。
過去3年間に渡って～～

深刻な会議中。
真面目そうな秘書からメモを渡される社長。
すると社長はダメ社員を睨みながら
メモをビリビリと裂いていく。
震え上がるダメ社員。

ダメ社員　ゆ、許してください！
社長　さけるグミだが？
ダメ社員　よかったぁ。
NA　さけるグミ

(B-9) **UHA味覚糖 さけるグミ TVCM 社長はさけるよ　第9話**

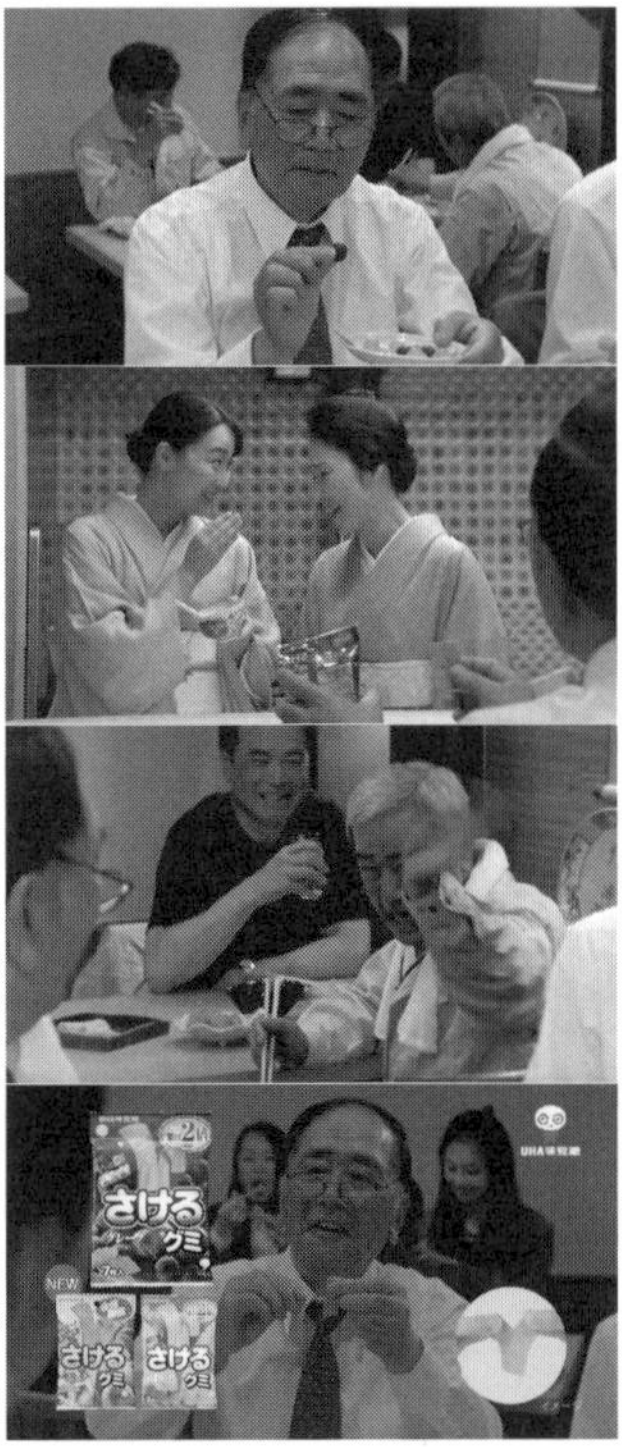

出張先の小料理屋で丸いグミが出される。
さけるグミしか知らない社長、笑い者になる。

女将	食後のグミどす。
社長	これ裂けんの?
支社長	社長、ここいらじゃ グミは裂かずに食うんですわ。
社長	うちのあたりじゃ裂くけどねえ。
仲居さん	グミ裂くんやて(笑)。
女将	次郎さん、グミ裂く?
次郎(板前)	裂かへんなあ。マサル、裂かへんよなあ。
マサル	裂かへんですわ(笑)
女将	財前さん、裂かへんよねえ?
財前	裂くわけあらへん(笑)
女将	でも、裂くんやて(爆笑)。
社長	裂くけどなぁ・・・。
NA	さけるグミ

(B-10) **UHA味覚糖 さけるグミ TVCM 社長はさけるよ　第10話**

小料理屋で調子にのってさけるグミの話をしている社長。
と、チンピラに絡まれる。

チンピラ　裂けへんグミはグミやない言いたいんか、ワレ!消しゴムのカスみたいな味やないけ。これはさけるグミやない、ちぎる消しカスや。
社長　消しカスを食べたことあるんですか・・・。
チンピラ　なんや?今何言うた?ドタマかち割るぞワレ!
すると親分がチンピラを一喝する。
親分　マサ、あるんか?消しカス食うたこと、あるんやろな?
震え上がるチンピラ。慌てて消しゴムをこすりだす。
消しカスを食べようとするチンピラを止め、社長に詫びを入れる親分。
親分　すまんかったな、うちの若い衆が社長はんのグミを消しカスなどと。
が、親分も一口さけるグミを食べると、
親分　んん?!　(と絶句)
NA　さけるグミ

(B-12) **UHA味覚糖 さけるグミ TVCM**
社長はさけるよ　第12話

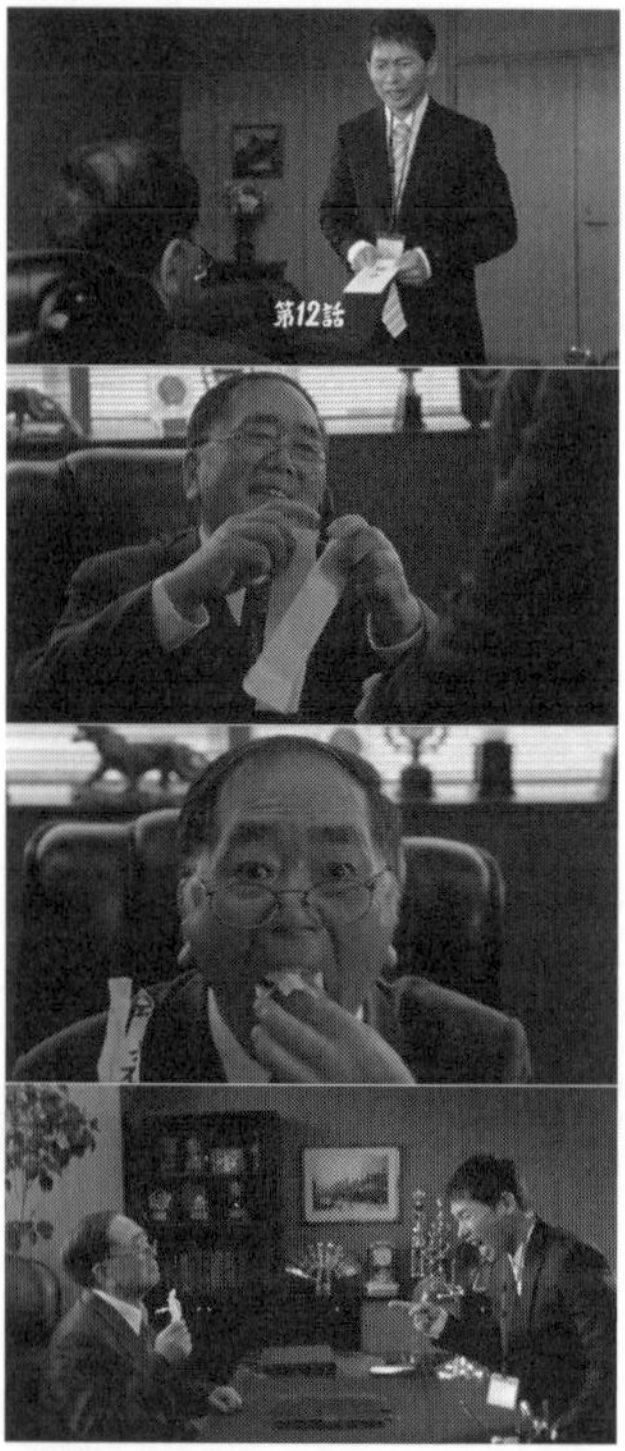

ダメ社員が社長に辞表を出す。

ダメ社員	社長、申し訳ありませんでした。
社長	誰にでも間違いはある。

と、辞表を裂く社長。

ダメ社員	社長・・・。

が、社長は裂いた辞表を食べてしまう。

社長	さけるグミでした。
ダメ社員	さけるグミじゃない！
NA	さけるグミ

(B-11) **UHA味覚糖 さけるグミ TVCM**
社長はさけるよ　第11話

再び結婚の許しを得に社長に会いに来た
キャバクラ店長。

店長	先日は失礼しました。 お義父さん、娘さんを僕にください。 お願いします！

が、社長はさけるグミを真っ二つに裂く。

店長	それがお答えですか・・・。
社長	二人を裂いたんじゃない。 これは、契りだ。
店長	チギリ？・・・・・・・あ、そっちね！
NA	さけるグミ

しかしちょうどWEB動画が流行り始めた時期でした。もしテレビでこのCMを見て、万一気になってくれて、奇特にも検索してくれる人がいるとしたら、ストーリーになっているし一本わずか30秒だし、12本のCMを全部見てくれるだろう。つまりはCMを12回見たことになるんじゃないかと屁理屈を考えたわけです。

とはいえ予算はCM3本分。9本も作らせて下さいなど失礼すぎて普通プレゼンできないのですが……。


「名付けて出稿量12倍作戦です！」

「それ、やりましょう」


山田社長はまたも即決。

所詮自主プレから始まったんだから、という気分が、またも良い方に働いたのでした。

僕としてはストーリーものを作りたかったわけでも、流行りのWEB動画を作りたかったわけでもなく、出稿量が少ないのをなんとかしたい苦肉の策でした。

正直言うと、WEBを使わずなんとかしたかった。

というのも、その頃広告業界はWEB一色。15秒30秒のCMはもう古い、中にはテレビCMを「伝統芸能」と揶揄する人もいたからです。

確かにこれまでCMプランナーは短い秒数に縛られていたので、長尺を作れるWEB動画の自由さに憧れる気持ちはよく分かる。ただ僕は、年齢が自分の時代が終わったようで寂しかったんですね。

しかし気分が変わったのは、広告学校のおかげでした。

ちょうど「ダンボール」の頃で、僕は生徒さんに、面白いとは似ていないこと、とかなんとか言っていた。

はて、WEB上で似ていないとは何だろう、と考えてみたわけです。

広告WEBムービーは興味深い映像やストーリーで長く引っ張って、最後にタグラインで商品に落とすものが主流となっていました。極端にいうと「スター・ウォーズ」を作って最後に「NASA」と出る感じ。

似ていない、ことだけを目標にするなら、まずは短い尺にするべきか。

そして内容も、WEBには可愛い子猫から射殺の瞬間まで何でもあるので、案外広告然としていた方が似ていないものに見えるんじゃないか、と思った。となると、むしろ最初っから最後まで商品が出ずっぱりの方が良いことになる。

WEBなら尚更、ザ・CM。そんな屁理屈もアリだろう。

それに、短い方が離脱しにくいわけだし。

そう思うと、テレビCMの経験値、捨てたもんでもないんじゃないの？　と気分が変わったわけです。

WEBの時代にも、CMプランナーが培った短い尺や広告話法の技術が活きることはきっとある。多様性の時代と言うなら、むしろ得意技で勝負しないと勿体なくはなかろうか。

CMならではの技こそが、TVや映画の作家さんとは、似ていない、武器のはず。

開き直って音楽フェスに伝統芸能の人が出演するイメージで作ったのが2年目のさけるグミでした。

無茶振りこそ「仮説」のもと

そうして迎えた3年目。さけるグミから新製品が登場することになりました。

全長40cm、その名も「なが〜いさけるグミ」。

その長さにも驚きましたが、このオリエンにも驚いてしまいました。

「この商品、メジャーにしたいんですよ。なのでメジャーなCMをお願いします。「社長シリーズ」のようなニッチなのはもうイヤです(笑)」

「……お言葉ですが、商品はさらにニッチになってはいないでしょうか」と僕。

驚いたというより戸惑った。

全長40cm、メジャーと言うには長すぎる。

しかし3年目にして初めてオリエンらしいオリエンを頂いたわけです。

「分かりました」

と言うしかありません、分かってはいませんでしたが。

もし生徒さんから「メジャーって何なんすか!?」と聞かれたら、何と答えるのだろう。

「メジャー」はよく聞く言葉だし意味もなんとなく分かる。しかし「面白い」と同様に、いざ作れと言われるとその作り方は全く分かっていませんでした。

一応「メジャー」の意味を辞書で調べてみると、より大きい・より優れた・より重要な・一流の・目立った、とある。

より長い、とは書いてなかった。惜しい。

が、目立った、という意味では「なが〜いさけるグミ」は黙っていてもお店で目立ちそうです。ただし、一流の、ではなく、珍しい、という印象で。

ということはCMの役割は、珍しく見える印象を少しでも、一流の、に近づけることではないか。それがメジャーへの道かもしれない。

「社長シリーズ」のグミ社長がなが〜いさけるグミを食べて「これは一流だ！」と驚く、間違ってもそんなことをしてはいけない。いくら一流に見せたくても、「一流」という単語がそもそもギャグっぽい。言葉で言うのではなく、その佇まいが一流に見える表現は何だろうと真剣に考えました。

が、僕の頭でたどり着いた結論は、身も蓋もないものでした。それは、お金をかける、しかない。やはりメジャーなCMとは、誰もが知っている存在になる必要がある。昔と違って今のCMは一本に何人ものタレントさんが出演するインフレ時代でもあります。なが〜いさけるグミが全国津々浦々のご家庭に当然のように置いてある様子を想像すると、制作費をかける、もしくは出稿量を増やす、確実にCMの存在感を示すにはお金をかける方法しか思いつかなかったのです。

お金をかけるにもいろいろあるけれど、結果として最もコスト効率が良いのは超一流のタレントさんに出演頂くことではないだろうか。それでも予算は遥かにオーバーしてしまうけど、三度目の自主プレ魂でご提案してみたところ、

「そのタレントさんに出て頂けるのなら、是非やりましょう」

まさかの山田社長、三度の即決。

やったー！　すごいぞ自主プレ魂。

が、その2ヶ月後、

「大変申し訳ありません。ご出演頂けないとのご返事でした……」

と、クライアントさんにお詫びに行くこととなりました。

自主プレ魂も三度目の正直。出演交渉に時間がかかってしまい、オンエアーを考えるとそろそろ撮影しないと間に合わないタイミングで振り出しに戻ってしまったのでした。


やばいやばい間に合わない。が、一度「お金をかけるしかない」と思ってしまうと、そうじゃない企画を全く思いつかない。

「メジャー、って何なんすか!?」

クライアントさんに逆ギレしてしまいそうだ。やばいやばいマジやばい。誰か助けて欲しい。

すると……。

もし広告学校で「なが〜いさけるグミ」という課題を出したとして、生徒さんが「お金をかけるしかありません」と言ってきたら、僕は「ふざけんな！　他にもやりようはあるだろ！」と怒鳴っちゃうだろうなぁ、と思った。

待てよ。

もし「メジャー、って何なんすか!?」と生徒さんに逆ギレされたら、俺はどう答えるのだろう。きっと「面白い」と同様に「何がメジャーかなんて分からない、メジャーじゃない部分を省いていくしかない。確実にメジャーになる保証はないが、粛々とそうする以外にやれることはない」と答えるはずだ。生徒さんに偉そうに言っておきながら自分がそうしないのはおかしい。

そのやり方で俺もやるのが筋というものだ。

と、思ったのです。

そうなんです。誰でも客観的に他人にアドバイスする時と、いざ自分の時ではテンパって行動が違うものじゃないですか。恥ずかしながら、僕は生徒さんにそう言っておきながら、自分でそうしたことがなかったのです。

今できることは、今まで考えたものからメジャーじゃない部分を省いていけばどうなるか、時間はないけど粛々と見直してみることしかない。

Jポップ風に言えば、逆ギレする生徒さんがいつも側にいてくれたから、強くなれた気がしたわけです。

見直していて気になったのは、企画の内容より締めのナレーションでした。

多くのコンテに、「さけるグミから、なが〜いのが新発売！」と書いていた。

何の変哲もないですが、必要な要素を短くまとめると、まあこうなる。

しかし、形容詞的に「なが〜いの」と使ったり「新発売！」と元気な言葉を使うと、珍しいものからさらに珍しいものが出て大はしゃぎしているようで、些細なことですがなぜかすごく気になったのです。大げさにいうと「新発売！」が「珍発売！」とニッチに聞こえる感じ。

「新発売！」なんて言わなくても分かる。省いて「さけるグミから、なが〜いさけるグミ」とした方が少しはメジャーに聞こえるだろうか、ならばいっそ「から」も省き「さけるグミとなが〜いさけるグミ」と商品名を冷静に読むだけの方が堂々とした印象になるかな。いや、普通か。

「と」以外に商品名を繋ぐ助詞はないだろうか。うーん。いっそ英語にして「&」か？「さけるグミ&なが〜いさけるグミ」、わざとらしくてギャグっぽいな……。等々どうでもいいことを延々考えているうち落ち着いたのが、「さけるグミVSなが〜いさけるグミ」という言葉でした。

「さけるグミから、なが〜いのが新発売！」と比べると、ほぼ同じ意味ながら少し堂々としているし、何かが起こりそうな気もする。まずは締めのナレーションを「さけるグミVSなが〜いさけるグミ」という言葉に決めて、そこに落ちる企画を考えていくことにしたのです。「社長シリーズ」のように小噺にしてしまうとまたニッチになってしまう。ということは、余計なオチなど考えず、ただ二つの商品を食べる人がいて「さけるグミVSなが〜いさけるグミ」とナレーションを聞くと、なるほどそういうことか、と分かる構造が良さそうだ。CMは15秒だし一目で「VS」の意味を分からせるとすると、短いさけるグミを食べてる小次郎の下に長いのを持った武蔵がやってくる、みたいなことかなあ。

すると、脈絡もなく十数年前に全く違う商品で考えた企画を思い出したのです。それは、ベッドや駐車場や演芸場のステージ等、そこにあるはずのない商品がなぜかそんな場所に置かれていることで「あいつが来てたのか！」と第三者の存在を感じるというCM案でした。

特にそのうちのベッド、男女の三角関係。違うグミを食べている男性二人の間に女性一人がいれば、一目で「VS」であることが分かると思った。

「あぁ、そういうこと考えたことあったなぁ」

ちょうど30歳の反抗期の頃の打ち合わせでボツになり、どうして分かってくれないんだ、と腐っていた。そんな企画が十数年後に役に立つことになったのです。

（C-1）　**UHA味覚糖　さけるグミ　TVCM**
さけるグミVSなが〜いさけるグミ・1

さけるグミを食べている仲睦まじいカップル（トオルとチーちゃん）の前に、長いさけるグミを食べるワイルドな男が現れる。

チーちゃん	トオルさんがさけるグミ裂いてる時の顔が好き。
トオル	そう？
チーちゃん	もっと、なが一く見てたいなあ。
♩	LONG LONG MAN 〜
チーちゃん	！
トオル	あぶないねあの人（笑）。
NA	さけるグミ VS なが〜いさけるグミ

最初の2話はただグミを食べているだけのＣＭ。実際に撮影してみると、マズい、予想以上に地味かも、と思った。

しかしなぜか売れ行きは予想以上に派手とのこと。それもそのはず店頭で見ると、全ての商品の中で圧倒的になが〜い存在感を発揮している。ＣＭではなく商品の実力で売れていたわけですが、半年後そのおこぼれにあずかることになりました。

5話で終わりのはずだったのに、思いもよらず続編を作らせて頂けることになったのです。

(C-3) **UHA味覚糖　さけるグミ　TVCM**
さけるグミVSなが〜いさけるグミ・3

さけるグミの新商品を見つけたトオル。
チーちゃんの部屋に来たバイク便は、あの長い男だった。

トオル	出先でさけるグミのマンゴー見つけてさ。
	バイク便で送ったからそろそろ着くと思うよ。
チーちゃん	うっそ〜、すごいタイミング。
長い男	サインをお願いします。
チーちゃん	!?
♩	LOMG LONG MAN 〜
トオル	チーちゃん、聞こえてる?
チーちゃん	あ、届いたよ、ありがとう・・・。
トオル	マンゴー味珍しいからたくさん買ったんだ。
	今度二人で食べようね。

チーちゃんがサインの代わりに書いたのは、
長い男へのメッセージだった。

NA	さけるグミ VS なが〜いさけるグミ

(C-2) **UHA味覚糖　さけるグミ　TVCM**
さけるグミVSなが〜いさけるグミ・2

動物園でデートしていると、また長い男が現れる。

チーちゃん	わあ、キリンさんだ。
	見て、テナガザル。こっちは象さんだ。
トオル	チーちゃんは長いのが好きなんだね。
チーちゃん	別に意識してるわけじゃないけど。
トオル	気のせいか。
♩	LONG LONG MAN 〜
チーちゃん	!!
トオル	前にもいたね。あの長い人(笑)。
NA	さけるグミ VS なが〜いさけるグミ

(C-4) UHA味覚糖　さけるグミ　TVCM さけるグミVSなが〜いさけるグミ・4

なが〜いさけるグミに興味を示すチーちゃん。

チーちゃん　あの、それ触ってみてもいいですか？
長い男　どうぞ。
チーちゃん　なが〜い！これどうやって裂くんですか？
長い男　こんな風に。
すると手が触れ合ってしまう。
♩　LOMG LONG MAN 〜
チーちゃん　ダメ！
と、長い男から離れるチーちゃん。
長い男　すみません・・・。
チーちゃん　あーん。
長い男　！！
が、チーちゃんは食べさせてもらおうとするのだった。

NA　さけるグミ VS なが〜いさけるグミ

(C-5) UHA味覚糖　さけるグミ　TVCM さけるグミVSなが〜いさけるグミ・5

さけるグミを持ってチーちゃんの部屋を訪れたトオル。

トオル　電話に出ないから心配になって。
チーちゃん　ちょっと寝込んでて・・・。
トオル　これ買ってきたから一緒に食べよ。
チーちゃん　今日は・・・。
トオル　！？
チーちゃん　ちょっと待って！今はダメ！

何かを察して部屋に入ったトオル。
なが〜いさけるグミがベッドに置かれているのを
目にしてしまう。
♩　LOMG LONG MAN 〜
トオル　あいつか！あいつが来てたんだな！！
チーちゃん　違うの！違うの！
あらぬ姿を妄想し、なが〜いさけるグミを裂くトオル。

NA　さけるグミ VS なが〜いさけるグミ

5話で終わるはずだったので、結末など考えていませんでした。が、三角関係の結末はほぼ3択しかありません。新しい男に行く、元鞘に収まる、あるいは3人バラバラになる。さけるグミの特性上、痴情がもつれてバラバラに裂けるのが似合いそうだな。

しかし新発売からの半年間、店頭でこの二つの商品を見るにつけ思うところがありました。普通姉妹品は仲良く隣に並ぶのに、この二つはあまりに形状が違うためいつも離ればなれ。担当プラナーの僕にはどこか切なく映っていたのです。多様性の時代でもあるし、CMの中でくらいくっつかせてやりたいなあ。自然と4つ目の結末に向かうこととなったわけです。

偶然だなあ、と思った。

もし最初から11話のストーリーを考えようとしていたら、こういう結末にはしなかっただろうと思った。

きっと理屈で考えて、3人バラバラにしたはず。半年空いて、店頭での様子を見ることができて、むしろラッキーだった。偶然を掴まえたように思ったのです。

そして、こんなこともありました。

山田社長が海外視察に行かれた時のこと、行く先々で現地のバイヤーの方々が、

「さけるグミ、ウチの国デモ早ク売ッテクダサイヨ～」

と仰ったのだそうです。

日本でしか売ってないこの商品をなぜご存じなのか調べたところ、ネット上に勝手に翻訳された「さけるグミVSながーいさけるグミ」がたくさんアップされていたのです。字幕のもの吹き替えのもの、スペイン語版では歌までスペイン語で作っている。どんだけヒマなのか。海外のことなど全く意識してなかったので本当に驚いた。

これも、偶然だなあ、と思った。

もし最初から「海外でバズるものを作ろう」などとスケベ心を出していたら、こんなことには絶対ならなかっただろうと思った。そもそも国内でウケるものも作れないのに海外を意識する余裕はない。もし余裕があったとしても「海外でバズってるのはどんな動画だろう」と過去の例に囚われて何かと似たものを作ってしまった気がする。

元を正せば余裕どころか「メジャーなCMを作って下さい」という無茶振りとも言えるオリエンから始まり、万一この商品がメジャーに見えることがあるとしたらどんな表現だろう、と無理やり「メジャー」への仮説から考えたものです。

かといって、「メジャー」への仮説から作ったこのCM、メジャーな仕上がりになったかというと、残念ながらご覧の通り。そうはなりませんでした。

しかし、所詮「仮説」なんだから、失敗してもいいじゃん。

打ち合わせで語られる仮説を聞いていると、商品のマーケティングやターゲットのペルソナ等、仮説のつもりがデータから一般的に導き出せる謂わば「定説」のように感じてしまうことがあります。成功が約束されているように聞こえる。

でも、むしろそれなりの確率で失敗が約束されているようでないと、「仮説」とは言えないのではないでしょうか。約束を守って失敗すればいいのです。予想外のものはそうして生まれるものかもしれません。

仮説は無茶なくらいがいい。偶然を掴まえる方法とは、そういうことかもしれないなと思ったのでした。

ちなみにこの結果、さけるグミは海外5ヶ国で発売されることとなりました。これまで僕は運が良いのか悪いのか、さけるグミに限らずポテンシャルの高い商品のCMを担当させて頂くことが多く、その反面売り上げに貢献したと実感を持てることがありませんでした。が、5カ国の、5。ついに数字の上でもお役に立つことができたのではないか。こんなに嬉しいのは、この仕事を始めて約30年、初めてのことでした。

(C-7) **UHA味覚糖　さけるグミ　TVCM**
さけるグミVSなが〜いさけるグミ・7

トオルに「もう長くないの」と言ったのは出まかせだった。
会社で同僚に相談するチーちゃん。

同僚　どうしてそんな猿芝居したの？！
目移りするのチーの悪い癖だよ。
チーちゃん　だって長いんだもん・・・。
同僚　長さに騙されてんじゃねえよ！
と、同僚がなが〜いさけるグミの隣に
さけるグミを並べ始める。

同僚　さけるグミ一袋分を並べていくと・・・
ほら、同じ長さになるの！
チーちゃん　！？
同僚　食べやすいようにわざわざ切ってあるんだよ！
チーちゃん　トオルさん、優しい・・・。
NA　さけるグミ VS なが〜いさけるグミ

(C-6) **UHA味覚糖　さけるグミ　TVCM**
さけるグミVSなが〜いさけるグミ・6

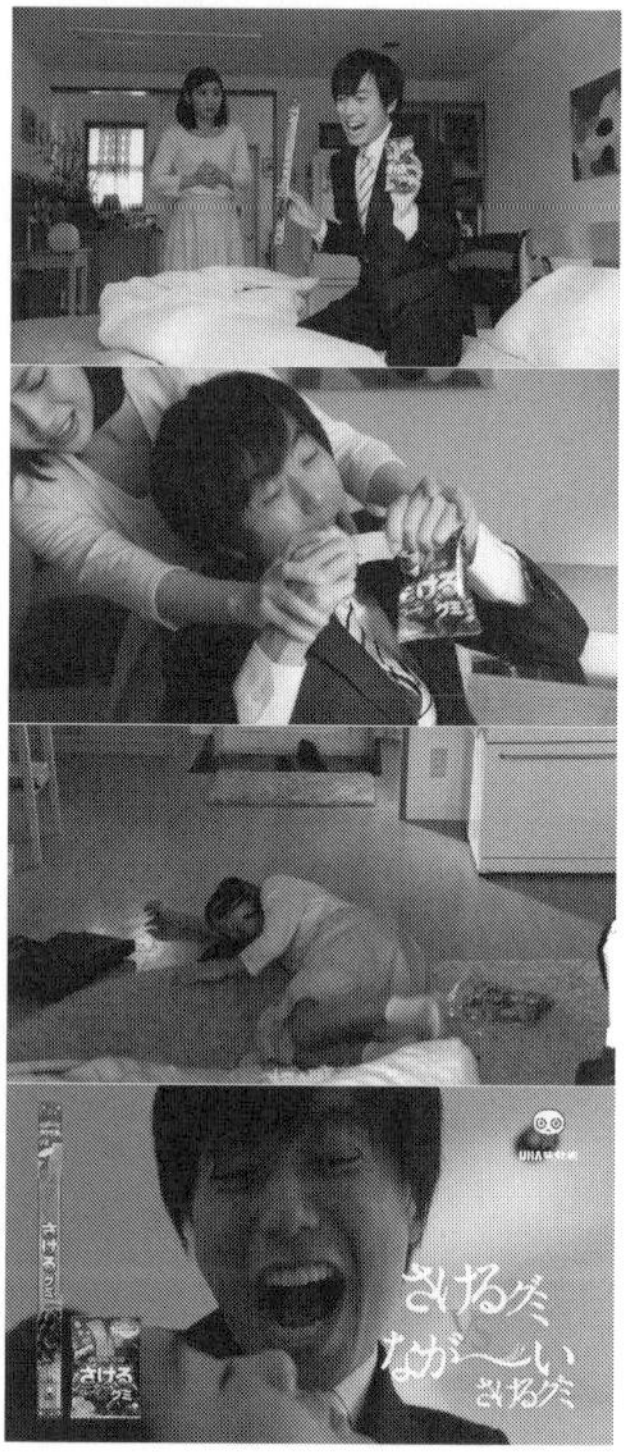

チーちゃんの部屋で泣き言を叫ぶトオル。

トオル　チーちゃん、どうして俺じゃなくてこいつなんだよ・・・。
チーちゃん　それは・・・。
トオル　あぁ、そうかい！長けりゃいいのかい！
伸びろ！伸びろ！
と、短いさけるグミを無理やり引っ張るトオル。

チーちゃん　やめて！グミが可哀想、あ・・・。
すると突然倒れるチーちゃん。

トオル　チーちゃん！？
チーちゃん　黙っててごめん。実は私、もう長くないの。
だから、長いものを見ると、安心できるの・・・。
トオル　チーちゃん！！
NA　さけるグミ VS なが〜いさけるグミ

(C-8) **UHA味覚糖　さけるグミ　TVCM**
さけるグミVSなが〜いさけるグミ・8

ショッピングモールに来た二人。
トオルはフラッシュモブでプロポーズしようとしていた。

トオル　　チーちゃん、プロポーズってどんな風にされたい？
チーちゃん　　え？・・・フラッシュモブは嫌かな。
だって小っ恥ずかしいし〜。
トオル　　！

さけるグミを裂いて、フラッシュモブの中止を周りに伝えるトオル。通行人は全部トオルの仲間、大混乱。
が、どさくさに紛れて指輪を渡そうとするトオル。

トオル　　チーちゃん、僕と結婚、
すると、なぜか耳が異様に長い着ぐるみが立っている。
♩　　LONG LONG MAN 〜
チーちゃん　　！！
トオル　　耳、長っ（笑）。
NA　　さけるグミ VS なが〜いさけるグミ

(C-9) **UHA味覚糖　さけるグミ　TVCM**
さけるグミVSなが〜いさけるグミ・9

チーちゃんのためにタクシーを停め、
お別れのキスをしようとするトオル。

チーちゃん　　だーめ。結婚式までおあずけ（笑）。
トオル　　ちぇ、おやすみ〜。
自動音声　　シートベルトをお締めください。
タクシーに乗り込みシートベルトを締めると、
ベルトではなくなぜかなが〜いさけるグミ。
♩　　LONG LONG MAN 〜
そして運転手は、あの長い男。
長い男　　どちらまで？
チーちゃん　　ど、どうして？！
老運転手　　はあ？
チーちゃん　　あ、すみません・・・。

よく見ると運転手は老人、ベルトも普通のベルト。
それはチーちゃんの幻覚だった。しかし、
チーちゃん　　やっぱり忘れられない・・・。
NA　　さけるグミ VS なが〜いさけるグミ

(C-11) UHA味覚糖　さけるグミ　TVCM さけるグミVSなが〜いさけるグミ・11

チーちゃん	私、長い間あなたのこと待ってたの。 トオルさんごめんなさい。私のことは忘れて。
トオル	もう、やだぁ。どうしていつも俺の前に現れるんだよ・・・。
長い男	一目見た時から、君のことが・・・。

が、長い男はチーちゃんを通り過ぎ、トオルへ。

♩	LONG LONG MAN 〜
トオル	俺？

長い男は、長さは違っても同じさけるグミを愛する者として、公園でも動物園でも、バイク便になりウサギの着ぐるみにもなり、いつもトオルを見つめていた。

長い男	僕らはきっと分かり合える。
トオル	触ってみても、いいですか？
長い男	ああ！
NA	きっと、みんな分かり合える。 さけるグミ & なが〜いさけるグミ

(C-10) UHA味覚糖　さけるグミ　TVCM さけるグミVSなが〜いさけるグミ・10

二人の結婚式。

トオルの友人	裂けんじゃねえぞ！
トオル	あたぼうよ！
チーちゃんの同僚	チー、おめでとう！
チーちゃん	・・・。
子供	ママ、なが〜い車来た！
♩	LONG LONG MAN 〜

異様に長いリムジンから、長い男が降りてくる。

チーちゃん	来てくれると思ってた！
トオル	チーちゃん！！
NA	さけるグミ VS なが〜いさけるグミ

アイデアが生まれる本当の原因

何が「明日プレゼン、まだできてない。助けて！」だ、なんかハッピーエンドみたいじゃないか！　グルグルグルグルグル同じ所を回るばかりで一歩も進まない感覚はどこへ行ってしまったんだ！

ご安心下さい、ラストにふさわしくこの後すぐ出てきます。4年目のさけるグミ、僕はパニック障害を再発し企画を考えられなくなったのです。この本の結論となりますのであと少しお付き合い頂けると幸いです。

他と似ていない文章にするための最も簡単な方法は、自分の経験を書くこと。そう思いここまで書いてきたわけですが、正直思ってたより恥ずかしーです。それに、飲み屋で語る分には良くても、こういう風に本に書くと偉そうだったり苦労自慢のように思われたらどうしよう……そんな心配も出てきました。しかし、ほとんどの方は僕の作ったCMなどご存じなかったはずですよね。その程度のもの。そんなつもりではないんです。

なのになぜこんなに細々と書いてきたかと申しますと、どうもアイデアが生まれる本当の理由や原因って実はかなり具体的なところにあり、まとめて書くとすぐ曖昧に、煙に巻くようなものになってしまうと思うのです。大した経験ではなくとも書くなら細々書いておかないと、せっかく読んで頂いても何のお役にも立てないと思ったからなんです。

大学で卒論を書いていた時のことです。理系で農学部だった僕の卒論のタイトルは、「酵素のバイオリアクターとしての機能」。

僕は学部の4年で卒業しているので、もちろんこのテーマは担当の助教授から与えられたものでした。どんな研究だったか先生の言葉を借りると、

「もしこの研究がうまくいったら、水から無限に電気を作り出せることになるんだよ。そしたらノーベル賞もんだよ。賞金は億千万億千万、胸騒ぎがするだろ？　井村君」

その基礎の基礎の基礎研究なわけですが、学部生にやらせることなどお察しの通りで、僕は1年間酵素の濃度や中空糸膜の厚さを微妙に変えて同じ実験を繰り返し経時データを取り続けたわけですが微弱電流の波形は全く変わらず意味なし。

既述の通り大学4年の僕はキラキラしたクリエイティブの世界への就活に勤しんでいたので実験の結果が出なくとも平気だったのですが、困ったのは卒論でした。書くことがない。先生に相談すると、それでもとにかくやったことを全部書けと言う。

「それ何か意味あるんですかね。書かなくても同じじゃないですか」

するとと先生はこう仰ったのです。

「大アリだよ、井村君。こういう条件でこうやってみたがうまくいかなかった、っていうのも立派なデータなんだよ。ここを進んでも行き止まり。地図にそう書いてあったら、そっちには行かないだろ？ 意味はあるんだよ。大アリ、大アリ、モハメドアリ」

そういうことです。

僕の経験がお役に立つことがあるとしたら、行き止まりを詳しく書いておくことだと思ったわけです。

さけるグミの4年目、僕はパニック障害を再発してしまいました。

原因は明白、プレッシャーです。手前味噌で恐縮なのですが3年目のCMで国内外の賞を頂いたりしたのです。

(去年の方が面白かったね、とか言われるんだろうなぁ)

そう思うと何を考えても面白いと思えなくなり、そのうちパソコンのグルグル回る七色の玉が回らない青い玉に変わったように何も考えられなくなりました。

やばいやばいマジやば……オエッ、明日プレゼンまだできてない助、ゲーッ。

みなさんの中にも自律神経を悪くされた経験のある方は多いのではと思いますが、僕の場合は喉に出ていたので、考えようとすると、えずく始末。

幸か不幸か再発と書いた通り二度目だったので、現状を維持しようとすると益々ダメになるのは分かっていました。

頑張ってはダメ、休もう。

が、頭では分かっていてもそうできないからこうなっているわけです。

結果、自分の気を楽にすることができたのは、パニック障害経験者としてではなく、CMプランナーとしての経験から来る直感でした。

それは、「こんな時は頑張って考えるほど確実にスベる」という、直感というほどでもない張り切ってスベった無数の苦い思い出。

が、ただ頑張らないようにしようと思うのではなく「こんな時は、パニック障害じゃなかったとしても、スベる」というニュアンスが良かったのか、ちょっと言い方を変えると納得する頑固オヤジのように、ともかくそう思うと少し落ち着いたのです。ややこしくてすみません。

頑張ってもスベるだけ、面白くしようとしなくていいんだよ。普通でいいんだ、普通で。普通がいいんだ、普通が。

そう自分に言い聞かせながら、ゆっくり普通のCMを考えることにしました。

食べ物で普通のCMといえば、シズルCMだな。

シズルとは英語で、ジュージュー。肉が焼けて肉汁が出るという意味で、シズルCMとは、ビールが注がれて泡が立つ映像など、美味しそうに見えたり食べたりすることをそのまま描くCMのことを言います。本当に美味しそうに描くのはとても難しいことなのですが、まずはそう思ったわけです。

さけるグミで言うと、裂く時かな。

が、裂くシーンも食べるシーンも過去3年で撮っていたので、あまり代わり映えしそうにはありません。

じゃあ、よくCMでやっているように「美味しさの秘密」でも説明してみようかな。

が、調べても特に秘密はありませんでした。

じゃあ、売り場でも見せてみるか。

広告の世界では、お客さんがお店で商品を思い出しやすいように、お店を舞台にCMを作って欲しいというリクエストがクライアントさんから来たりするのです。

子供がコンビニかスーパーで母親におねだりする、っていうCMにするか。

が、お金がかかって無理でした。よくCMでコンビニのシーンを見たりされるでしょうが、こと食品の場合、棚に実在の競合商品を並べるわけにはいかず、架空のダミー商品を作らねばならないので大変なのです。

じゃあ駄菓子屋は？　さけるグミにはコンビニよりむしろ駄菓子屋の方が似合うんじゃないか。いい加減なオヤジが売ってたりして。え、駄菓子屋もお金がかかる？　じゃあいっそ屋台は？　屋台って設定ならさけるグミしか置いてなくても不自然じゃない、ダミー商品作らなくてもいいし。

さけるグミには、「なんか面白いかなぁと思って。ははは」という気分で作られ、買う人もそんな気分で買うような、良い意味でのいい加減さがある。マーケティングにより開発されPOSデータで管理される今の世の中にはない自由さこそ、さけるグミならではのシズルかもしれない。「さけるグミ」という看板の屋台を見ればそんな気分が伝わる普通のCMにはなりそうだ。

そう思うとスーッと心が軽くなって、屋台のいい加減なオヤジがやりそうなことと言えばあれもあるしこれもあるな、と作ったのが4年目の屋台シリーズでした。

もしパニック障害を再発しなかったら、どんな企画を考えたんだろう。

現金なもので企画が決まるとケロッと治り、そんなことを考える余裕ができました。

(D-2) **UHA味覚糖 さけるグミ TVCM**
2月のさけるグミ 女子高生 篇

女子高生	おじさーん！今年のバレンタイン仏滅って本当？！
屋台のオジサン	ホントホント。
女子高生	え〜。私たちどうすればいいんですか？
屋台のオジサン	でも見てごらん。 次の日は大安なんだよね。
女子高生	！
屋台のオジサン	チョコはリスケして。 14日はグミを、裂いてハートの縁結び〜。
女子高生	ヤバみ〜！
NA	2月のさけるグミ
屋台のオジサン	友達にも教えるんだよ。 ちなみに長いのだとこれができまーす。
女子高生	手編み〜！

(D-1) **UHA味覚糖 さけるグミ TVCM**
2月のさけるグミ 篇

常連客	オヤジ、長いの。
屋台のオジサン	あいよ。
常連客	景気はどう？
屋台のオジサン	やっぱこの時期はダメだね。
常連客	バレンタインだもんなあ、さすがに、 裂ける、は無いわな。
屋台のオジサン	でもさあ、知ってた？ 今年の バレンタインデー、仏滅なんだよね。
常連客	あ！
屋台のオジサン	てことは、ワンチャン、行ける？
常連客	あるね！
屋台のオジサン	あるっしょ（笑）。
NA	2月の さけるグミ

(D-4) UHA味覚糖 さけるグミ TVCM アフタヌーンのさけるグミ 篇

子供　これください。
屋台のオジサン　はい、108万円。
子供　ママー、108万円。
セレブママ　あら、意外とするのねえ。
屋台のオジサン　ウチ高いんすよ、へへへ。
セレブママ　100万と、8万円。
屋台のオジサン　!! ハハ、せっかく来てもらったんでね、サービスしますよ!
と、オジサン、店の商品をどんどん袋に入れる。
セレブママ　あら、なんて言うの?
子供　おじさん、ありがとうございます!
屋台のオジサン　出口までお持ちしますんで。また来るんだよ。
子供　うん!
屋台のオジサン　絶対来てね!お母さんマストで!
NA　アフタヌーンのさけるグミ

(D-3) UHA味覚糖 さけるグミ TVCM 3月のさけるグミ 篇

子供　なにこれ!
屋台のオジサン　へっへっへ、いとおかしだろ。
子供　すげー!
屋台のオジサン　待てよ。こうすると、この人(お内裏様)が(グミを)抜いて、(自分で)頭に挿しました、っていうストーリーが生まれるね。
子供　おお〜!
母親　ちょっとあなた!子供の前でなんてことしてるんですか!
屋台のオジサン　え?なんか面白いかなあと思って。へへへ。
母親　あんた頭裂けてんじゃないの?!
屋台のオジサン　なるほど、それクリエイティブですねえ。
オジサン、お内裏様の頭のグミを裂き始める。
母親　ギャー!
NA　3月のさけるグミ

(D-6) **UHA味覚糖 さけるグミ TVCM**
夜中のさけるグミ 篇

屋台のオジサン　どれも美味いよ。
若者　てか、ここさけるグミの専門店だよなぁ？
定番しかねーじゃん。行こうぜ。
屋台のオジサン　ちょっとちょっと。
若者を呼び戻すオジサン。
屋台のオジサン　君らさけるグミマニア？
若者　まあ。
屋台のオジサン　これあんまり店には出さないんだけどさぁ。
と、オジサン、アタッシェケースを開く。
若者　うわっ、レインボーモデルじゃん！
屋台のオジサン　ヤバみでしょう？これウチだけだから。
若者　映える！めっちゃ映える！すっげえ！
屋台のオジサン　いやいやいやいや。
が、オジサン、若者が写真を撮り始めると
アタッシェケースを閉じる。
屋台のオジサン　これ勝手に作ってるヤツだからさぁ、
映えちゃあマズいんだよねぇ。
はっはっはっは。
NA　夜中の さけるグミ

(D-5) **UHA味覚糖 さけるグミ TVCM**
昼下がりのさけるグミ 篇

近所のオバサン　そういえば、隣に越してきた例の新婚さん。
屋台のオジサン　おうおうおう。
オバサン無言でグミを裂く。
屋台のオジサン　もう裂けちゃった？！
近所のオバサン　そうなのよ〜。
屋台のオジサン　で？で？
近所のオバサン　ダンナの方がさぁ、お向かいのご夫婦の奥さんと仲良くなって、
屋台のオジサン　まさか！
オバサン今度は色違いのグミと組み合わせて裂く。
屋台のオジサン　引き裂いちゃった？！　あらららら（笑）。
近所のオバサン　これ絶対ナイショよ〜。
屋台のオジサン　言わないよ、俺、口堅いもん。
近所のオバサン　私はここに来るとなぜか裂けちゃうのよねぇ、口が（笑）。
屋台のオジサン　もっとちょうだい！（笑）
NA　昼下がりの さけるグミ

この屋台のCM、心療内科の先生が見たらパニック障害の人ならではの表現になったりしてんのかなあ。

ふと、このCMを客観的に見てみたのです。

自分で言うのもアレですが、「良い意味でのいい加減さ」「管理されない自由さ」というコンセプトから考えたと言えば尤もらしく説明できるし、単純に「商品が魅力的に見える場所」を考えたと言えば分かりやすい。

しかし屋台というアイデアが出た実際は、書いてきた通り、「普通のCMを作ろう」としたからなわけです。さらに言うと、経験上「こんな時は頑張るほどスベる」と思ったから、ということになります。

もっと言えばプレッシャーでパニック障害を起こしたことが原因なわけです。しかし、もし元気だったとしても「商品が魅力的に見える場所を考えてみよう」等の別の過程で同じ屋台に行き着いた可能性があるとも言える。

が、それはない、と思った。

「さけるグミVSなが〜いさけるグミ」の時も、「二つの商品の対立を描こう」と三角関係にしたわけではなかった。締めのナレーションがどうもメジャーに聞こえず気になったのが発端でした。

過去を振り返ってみると、「不安になった」「失敗しそうに思った」「なぜか（悪い意味で）すごく気になった」など、僕の場合アイデアが出る時には必ず、経験上「危ない」と思ったことがキッカケとなっていることに気づいたのです。「こんな時は頑張るほどスベる」も、その一種だったように思える。


経験上こうすると失敗する可能性が高い、と思う。

すると具体的な対策を考えられるようになる。

そうして生まれたものがアイデアと呼ばれるのではないか。


そう思ったのです、僕の場合は。

世の中には「あっ！　これ面白くない？」といきなり閃く人もいると思う。きっとそういう人がクリエイターで、残念ながら僕は違った。やはりケアレスミスをあーでもないこーでもないとチェックしている受験生という感じ。

しかしそう思うと、いろいろ説明がついたのです。


やばいやばいマジやばい、頭がグルグルグルグル同じ所を回って一歩も進まない感覚。

締め切りが迫っていることに「やばい」と焦るばかりで、とにかく今ここにはない新しい何かを探していたけれど、むしろ、今目の前のノートに書いてある企画がなぜ「やばい」のかを考えればよかったのか。

そして、最も分かりやすい「やばい」が、「似ている」ということだったのか。

その「やばい」部分を粛々と取り除いていくことが企画を考えるということだったのか。

「面白いって何なんすか!?」と生徒さんに詰められ、俺の経験なんて意味がなかったと思ったけれど、経験とはコツを得ることではなく、「マジやばい」ことに気づけるようになることだったのか。

「クリエイティブ」という言葉に馴染めなかったのは、未来への可能性ばかりがキラキラ光って、自分の過去の経験を見えなくしていたからではないか。

こうすれば確実に面白いアイデアが閃きます。そんなコツを書ければカッコ良かったのですが、未だに僕はそんなコツを見つけられていません。

しかし、誰でも経験を積めば、確実に、失敗しそうなことは分かるようになる。

取り除くなり、書き換えるなり、やるべきことが分からずグルグル回っていた頭は、そこから具体的に考えられるようになる。面白い、は、そこから生まれる。

クリエイティブとは自分らしく考えるものだとするならば、それは外からコツを持ってくるのではなく、自分の経験を大事にすることから始まるのではないでしょうか。

この本も、面白いかどうかはおいといて、そうして生まれたわけです。

おわりに

アイデアは、「必然的」には生まれない

ひとりぼっちの未来に

アラフィフだの定年だのと愚痴ばかりの文章に長々お付き合い頂きまして、本当にありがとうございました。

どうしてそんなに自分の時代が終わったとイジけているの？　と思われた方もいらっしゃることでしょう。そもそもウザすぎてここまで読んでくださる方も少ないかもしれませんが。

実は秘密があるのです。

僕は１９６８年12月23日生まれ。僕がハタチの時、突然誕生日が祝日になりました。平成が始まり天皇誕生日となったのです。そして平成３年に社会人になりＣＭプランナーとしてデビュー。最後に書いた4年目のさけるグミはギリ平成31年2月のオンエアー。つまりこの本に書かれていることは全て平成時代の時代劇なわけです。そしてこの本を書いていた5月に令和となり、僕の誕生日は平日に戻ってしまいました。

30年間祝日だったのに、50歳にしてリストラされてしまったような寂しい気分。結婚もできなかったし、マジ平成ジャンプ。しかもよりによってハタチから五十とはキリが良すぎる。

俺の時代は完全に終わったなあ……。

そう思うのも無理はないですか、ていうかそう思う権利がある。

それに、会社の喫煙コーナーにいると、こんな会話も聞こえてくる。

「クリエイティブだけじゃなくてクライアントのビジネスイノベーションとかも提案しててさ。俺が今やってることはコンサルに近いかな」

こんな本を書いても完全にオワコン。面倒臭いしやめちゃおうかな、と思ったりしました。

が、黄昏てタバコを吸っていると、こんな会話を耳にしたのです。

入ってきたのはクリエイティブ職らしき二人の若手社員。疲れた様子でタバコに火をつけると、しばらく無言の後、一人がポツリとこう始めました。

「もう定例会には出たくねえんだよな」

定例会とは大きなプロジェクトで曜日時間を決め各パートが集まり進捗を報告し合う会のこと。彼らはメインストリームの仕事に抜擢されたイケてる若手ということになる。

「まとまるだけなんだよ、普通な感じに。自分のアイデア出して説得するのが面倒臭えんだよな」

そしてこう続いたのです。

「ていうかさあ、俺のアイデアがさあ、みんなで考えたことになるんだよ。俺が考えて説得までしたのをさあ、何にもしてねえ奴に当たり前のようにチームのものにされちゃうとか、もう馬鹿馬鹿しいんだよ、そういうの」

チームとして仕事する以上、アイデアが「チームのもの」なのは間違ってはいません。

しかし、supremeを着て、いかにも「シェア」とか「コラボ」という言葉が好きそうな若手がそんなことを言っている。

令和とは、そういう時代なのだ。

僕はグッときてしまいました。

クリエイティブの仕事を始めても、いきなり自分の考えたものがカタチになるわけではありません。考えても考えてもボツになるばかり。最初は修行。

が、誰しも努力が実を結び、カタチとなる時がくる。

その時、道が二つに分かれるように思います。

一つは、

「カタチになるにはなったけど、これで本当に良かったんだろうか。もっとやりようがあった気がする」

と修行を続ける人。

もう一つは、

「カタチにすることができた。カタチにする能力が身についたということだ。もう自分で良し悪しを判断することができるんだ」

とステップアップしたように思う人。広告で言うといきなりクリエイティブディレクターになったように思う人。

圧倒的に後者のタイプが増えてきた。平成から令和で変わったのは、このことのように思えます。

世の中で「クリエイティブ」が必要とされる場面や求められる内容が多岐に渡るようになり、文章や企画を考えるだけではなく様々な能力を求められるようになりました。サンプリングやキュレーション等といった言葉も流行り、自分で考えるだけでなく、選んだり組み合わせたりする能力が現代的と思われるようになった。

人の知恵を集め判断することで仕事を進めるクリエイティブディレクター志向が強まるのは、時代の変化に相応しい流れだと思います。

しかし、僕らの仕事には、ちっとも変わっていないこともあると思う。

それは、面白いアイデアは簡単に閃かない、ということ。

偶然を掴まえるためには時間を費やし考えるしかありません。「効率的」という絶対善のもと、そこが誤魔化されてはいないでしょうか。

若手が愚痴っていた定例会のクリエイティブディレクターにしても、全く何もしていないわけではなく、コンセプトやスケルトン(骨格)は提示していたのだろうと思います。しかし、それがありがちなものだった場合、アイデアへとジャンプするのは難しい。自分で考えた経験が少ないとその難易度が想像できないのかもしれない。

でもそんなクリエイティブディレクターがアイデアを見ると、自分の言ったコンセプトから「必然的」に出てきたように思う。「俺が言ったのはそういうことだ」と、自分で考えたように思ってしまう。

喫煙コーナーでポツリポツリと語るsupremeの彼にグッときてしまったのは、クリエイティブディレクターになりたがる人が増える今、その下でアイデアを考えている多くの人が、きっと彼と同じように思っているのだろうと感じたからでした。

アイデアは「必然的」に出るものだから、スケジュール通りアイデアが出て当然、となっているのかもしれない。

でも、ちょ待てよ。

アイデアは「偶然」。

よっぽど素晴らしいコンセプト出してくれんなら別だけどさ、そんな寝ぼけたスケルトンでこんな頻繁に定例会開かれてもこっちは困るんだよね。

時代遅れかもしれないけど、supreme君を抱きしめてあげられるのは案外こういうことを書くことかもしれないぞ。面倒臭いけどやっぱり書いちゃおうかな、と、このあとがきまでたどり着いたわけです。

な〜んて、平成は良かったなぁ、と言いたいわけではありません。

効率的にできた方が良いに決まってます。僕の平成は非効率的なことばかり、ただグルグル回るだけの時間に耐える根性は本当に無駄だった。その後悔は書いてきた通りです。

そして理不尽なことも多かった。

僕の勤めている会社にこんな都市伝説があります。

若手がコピーを書いて持っていくと、そのクリエイティブディレクターはPCから目を離さず左手を差し出すのだそうです。「お願いします」とコピーを書いた紙の束を渡すと、スルリと落ちてしまう。掴み損ねたのかなと拾って再び手に載せますが、またもスルリと落ちてしまう。

よく見ると、そのクリエイティブディレクターの左手、親指と手のひらが5、6cmほど空いている。A4用紙一束ぶんの幅。この幅にはまるくらい書いてこないと見てやらないぞ、という意味だった、という話。

多分実話。ていうか実話。ゾーッ。

笑えるか笑えないかはあなた次第なわけですが、みなさんの会社にもこの種の話はあることでしょう。さすがに今やったらパワハラでアウトですかね。令和になって本当に良かった。

しかし、です。

もしそのクリエイティブディレクターが、相手を見て指の幅を変えていたとしたらどうでしょう。

つまり、部下の力量によってどの位書けば良いコピーを考えつくか分かった上での確信犯だったとしたら。

既に亡くなられ確かめようもないのですが、その方は理論派として有名でした。経験的にか統計的にか根拠があってのことだとしたら、理不尽どころかむしろ効率的。それに、部下を一人一人ちゃんと見ていて愛があるとも言える。スポ根漫画で定番の、鬼コーチだと思っていたら実は、みたく、その上司ちょっとカッコ良くないですか？　下に付いてシゴいてもらいたくなりますよね！

が、残念ながらもうそんな上司とは出会えないでしょう。

やばいやばいやばいやばい。明日プレゼンなのにまだ企画ができてない、やばいやばいマジやばい。誰か助けて欲しい。

すると……。

一人オフィスで焦っているところに偶然先輩が戻ってきた。苦し紛れに相談してみると、

「そんなことよりもう帰った方がいいよ」

「……」

語られるのは、正しい言葉。

働き方だけの話ではありません。コンプライアンス的にも、仕事は効率的でポジティブな成功例ばかりが華々しく語られ、「失敗」から学ぼうとする正直な言葉はもう目にすることができなくなっていきます。

実はこの本ですら「深夜」「徹夜」「朝まで」という言葉は一度も使っていません。あれほど、グルグル回った、と書いているにもかかわらず、です。

令和とは、こういう時代でもあるのです。

これから、「無理しないでね」と言われ続けることでしょう。

それは良いことだと思う。無理なものは無理。フリーズしたパソコンはシャットダウンするしかないように、人間なら寝るしかない。僕もようやく朝型になってきました。ずっとみんなにそう言われていたのに、もっと早くこうしとけば良かった。本当にそう思う。

でも、もっと考えればもっと良い単語が見つかるかもしれない。もっともっと考えればもっともっと良いのが見つかるとは限らないけど見つかる可能性はちょい増える。それも真実だと思う。

けれど、もう誰もあなたにそうは言ってくれません。

しかし、明日プレゼンなのにまだできてないけど一人ぼっちでは頑張り切れない夜もあることでしょう。テレワークが進み、ますます一人で悩むことが増えていきます。

誰かに言って欲しい時がいつか来るのではないでしょうか。

俺は大きな声で言ってやる。

いや、言うとパワハラになるんで最後に大きな声で書いといてやる。

「お前、こんなもん明日プレゼンしていいと思ってんのかよ。つべこべ言ってねえで、とにかくもっとたくさん考えろ！　寝たら◯◯ぞ！」

書いてもマズそうなので伏字にしておきました。探してみませんか、自分にしか書けない単語を。

紙数が尽きてしまいましたが、この本を書くことになったのは思いもよらない偶然が重なったことからでした。

世の中には見てくれている人もいるのだなあ、と思った。

しかし書いてみると、こんな愚痴ばかりのウザい本になってしまった。

最後まで読んでくれる人なんているのかなあ。

偶然本屋さんでこの本を手に取ってくれた上に、離脱もせず最後の最後のこの文章を今読んでくれている人がもし世の中にいるとしたら……。

明日プレゼン、まだできてないけど一人諦めず考えている。
そんなあなたの頑張っている姿を、誰も見ていないはずはないと思いませんか。

［著者］
井村光明（いむら・みつあき）
博報堂クリエイティブディレクター/CMプラナー。
1968年、広島県生まれ。東京大学農学部卒。主な作品に、日本コカ・コーラ「ファンタ」=ACC賞グランプリ2005受賞、UHA味覚糖「さけるグミ」=ACC賞グランプリ・カンヌライオンズフィルム部門シルバー・TCC賞グランプリ2018受賞、森永製菓「ハイチュウ」、永谷園「Jリーグカレー」、コンデナスト・ジャパン「GQ Japan」、エムティーアイ「ルナルナ」、福島県「TOKIOは言うぞ」など。コミカルで独自の世界観を持つ作風で知られる。宣伝会議コピーライター養成講座の講師も務める。

面白いって何なんすか⁉問題
——センスは「考え方」より「選び方」で身につく

2020年9月15日　第1刷発行

著　者——井村光明
発行所——ダイヤモンド社
〒150-8409　東京都渋谷区神宮前6-12-17
https://www.diamond.co.jp/
電話／03·5778·7233（編集）　03·5778·7240（販売）
装丁·本文デザイン——三森健太（JUNGLE）
イラスト——深川優
DTP——スタンドオフ
校正——鷗来堂
製作進行——ダイヤモンド・グラフィック社
印刷——新藤慶昌堂
製本——ブックアート
編集担当——亀井史夫

ISBN 978-4-478-11053-9